标准必要专利法律制度研究

杨晓强　著

中国海洋大学出版社

·青岛·

图书在版编目（CIP）数据

标准必要专利法律制度研究／杨晓强著. —— 青岛：
中国海洋大学出版社，2023.6
ISBN 978-7-5670-3542-3

Ⅰ.①标…　Ⅱ.①杨…　Ⅲ.①专利权法-研究　Ⅳ.
①D913.04

中国国家版本馆 CIP 数据核字（2023）第 113789 号

BIAOZHUN BIYAO ZHUANLI FALÜ ZHIDU YANJIU

出版发行	中国海洋大学出版社
社　　址	青岛市香港东路 23 号　　　　**邮政编码**　266071
网　　址	http：// pub. ouc. edu. cn
出 版 人	刘文菁
责任编辑	由元春　　　　**电　　话**　15092283771
电子邮箱	502169838@qq. com
印　　制	青岛中苑金融安全印刷有限公司
版　　次	2023 年 6 月第 1 版
印　　次	2023 年 6 月第 1 次印刷
成品尺寸	170 mm × 240 mm
印　　张	10.25
字　　数	190 千
印　　数	1～1000
定　　价	39.00 元

发现印装质量问题，请致电 0532-85662115，由印厂负责调换。

前　言

党的十八大提出"实施创新驱动发展战略"，党的十八届三中全会提出"加强知识产权运用和保护"，党的十八届四中全会提出"完善激励创新的产权制度、知识产权保护制度和促进科技成果转化的体制机制"。党和政府近年来提出的这些方针政策明确了加强知识产权的运用和保护对推动我国科技创新和经济发展的重要作用。标准必要专利已融入现今社会的各个领域之中，在经济发展中的作用日益显著。其在各个层面上，均极大地促进了产品一体化、标准化的进程，并推动了技术市场的进一步发展。结合我国经济发展的整体环境，专利技术不仅仅是在经营行为中有所表现，其在一定程度上也形成了专属于专利之上的交易市场环境。标准必要专利意图实现在技术上的标准化推广开放，与专利技术在权利属性上的垄断性特质形成了天然性的矛盾冲突。如何在其运用中形成合理化的解决机制，如何解决标准与专利之间的价值取向冲突，以及如何在标准必要专利运行过程中兼顾社会整体利益，是标准必要专利发展过程中所必须考量的重要内容。因此，本书选择了这一论题，以期通过讨论探究出标准必要专利发展中的有效通路。

本书共分为七章，三大部分。第一部分为第一章和第二章，属于基本信息概述。第一章详细介绍了标准与专利的概念、种类、特征等基本属性，同时从历史的角度拓展标准与专利的发展历程，通过科学的论证分析推导出标准与专利融合的必然性结果，进而以标准与专利的融合为出发点，进一步探讨了二者的融合所带来的影响。在这一部分中，笔者努力尝试将标准与专利融合的过程铺展开来。第二章对核心内容标准必要专利的构成要素予以细致介绍，就其概念、内涵、范围、时效进行了比较全面的介绍。同时，还对标准与专利相互矛盾又彼此依存的属性特征进行了科学的比较分析及归纳总结，力求对标准必要专利的本质进行更深入的内涵挖掘与核心探索。本书第二部分是对标准必要专利现有规则与制度的介绍。第三章笔者对国内与标准必要专利相关的法律规定做了一个较为详尽的总结，同时系统地介绍了标准涉及专利的违规行为及处置原则。第四章则是对域外相关标准必要专利的原则与规定做了简单的介绍和说明。

第三部分是本书的重点内容，包括第五章到第七章，用案例及原理的方式详细阐述了当今标准必要专利在国际化环境下的司法实践问题。将焦点问题细化为信息披露问题、许可规则问题、禁令救济问题，并在各自的章节中逐一介绍法律中的难点，同时根据现实情况提出笔者的想法和拙见。

笔者希望通过本书所涉及问题的讨论，为标准必要专利平衡良性、健康有序的发展提供有效的理论参考和借鉴价值。

杨晓强

2023 年 3 月

目　录

第一章 标准与专利

第一节 标准与专利术语解析

一、标准与标准化组织

(一) 标准与技术标准

何谓标准？标准，即一种规则，用来判断在某一领域、空间、范畴抑或是程度范围内行为活动的好坏、优劣、精准与否的客观准则，也就是日常生活中所言的"参照物"或"标本"。有了标准，人们便可以在实践生活中根据某一准则对事物或行动进行衡量，准确判定事物或行动的好坏、优劣、精准与否，从而能够对所评价的事物或行动进行调整，实现更为高效的利用方式。但是，由于客观世界中存在学科的多样、组织机构的不同以及科学研究中调整对象性质的差异，标准在这些领域中的定义抑或内涵均有所不同，甚至差异极大。特别是近几年，随着商业社会、技术手段和产品经济的快速发展，标准的定义或内涵也随之发生了较大的变化，依照科学方法或规则被赋予了更为丰富的含义。

目前，世界范围内对标准最为权威和科学的定义来自国际标准化组织（ISO）与国际电工委员会（IEC）联合发布的第 2 号指南《标准化与相关活动的基本术语及其规定》。其中提到："标准是由一个公认的机构制定和批准的文件。它对活动或活动的结果规定了规则、准则或特性值，供共同和反复使用，以实现在预定领域内的最佳秩序和效益。"

标准的发展变革是与整体社会保持正相关态势。过去，标准主要集中在产品或服务领域，更多是要求产品或服务的技术和质量达到某一要求。现在标准的内涵得到了不断的丰富。随着当前高新技术发展速度的加快，人们开始习惯于将一些技术问题的解决方案注入标准范畴，即对某一技术问题的解决方式产生了标准。这就开启了标准的新空间——技术标准。

保持着标准这一类概念的通性，技术标准呈现出与他类标准极强的相似性，并且在其所属专业范围内，承载着较强的指引作用以及强制效用。其发挥作用的机制在于，利用专属行业内的通行技术要求以及处理手段的规制，以实现在经营环境内对于具体商品的技术控制目的。同样的，技术标准的本质在于其规定产品或服务的生产技术必须要达到的要求以及如何达到该标准的具体的实施技术手段。由此可见，技术标准的内涵包含两方面内容：一是对产品或服务的技术水平做出了具体要求，只有达到技术标准所规定的要求才能视为合格；二是技术标准所予以包含的技术应为完整并可操作实现，一部分未能符合技术要求的产品或服务提供者则可通过向标准体系谋求相应授权，使其自身商品与相应标准处于相同的技术水平之上。

（二）标准的分类

不同领域内的标准由于其所涉及的活动领域以及行业特质的差异，可将其进行类别上的分化。笔者在本书中的划分，正是基于对技术标准的研究意义和适用范围的考量而做出的。

如若将标准的形成方式作为具体标识，可以将标准分为法定标准和事实标准；与之相对应的是，如果依据技术标准所处层级来进行区分，则可分为国际标准、区域标准、国家标准、行业标准和地方标准等五类不同类别的标准。

1）法定标准

法定标准，顾名思义是经过必要的程序所设定或认可的，并在常规情况下，经由具有行政背景的组织来进行整理、颁布或认可。具体而言，这一部分能够向任何与该技术有关的产品或服务的相关提供者开放的相应规则，均是由获得政府认可的组织作出的。法定标准按照指定、颁布或认可的主体层次的不同，存在以下五种更为具体的分类。

（1）国际标准。国际标准是指由国际标准化组织或国际标准组织根据特定的程序要求制定、颁布或认可的并公开发布的标准。这一点在我国 GB/T 20000.1-2002《标准化工作指南第 1 部分：标准化和相关活动的通用词汇》中有所规定。

（2）区域标准。我国 GB/T 20000.1-2002《标准化工作指南第 1 部分：标准化和相关活动的通用词汇》第 2.3.2.1.2 条规定："区域标准是指由区域标准化组织或区域标准组织通过并公开发布的标准。"以欧洲电工标准化委员会

（CENELEC）与欧洲标准化委员会（CEN）为例，它们所制定、颁布或认可的标准属于典型区域标准。

（3）国家标准。国家标准在我国 GB/T 20000.1-2002《标准化工作指南第 1 部分：标准化和相关活动的通用词汇》中的定义是"由国家标准机构通过并公开发布的标准"。《中华人民共和国标准化法》中对我国国家标准制定的目的和主体进行了具体规定。国家标准主要适用于全国范围内统一的技术要求，其制定主体是国务院标准化行政主管部门。

（4）行业标准。行业标准是对没有国家标准而又需要在全国某个行业范围内统一的技术要求所制定的标准。根据《中华人民共和国标准化法》的规定，行业标准是由国务院有关行政主管部门制定，但须报送国务院标准化行政主管部门备案方可适用。如若发生相应行业标准被国家标准化行政主管部门上升为国家标准，则行业标准即被替代，并丧失相应的效力。

（5）地方标准。从文本上分析，地方标准即为国家内某一行政区划内的标准。根据《中华人民共和国标准化法》的规定，地方标准适用的前提条件是既无国家标准又无行业标准，只有如此，省一级人民政府的相关主管部门为统一产品或服务的具体要求，可以根据发展情况和行业特性制定地方标准。和行业标准保持一致的是，省一级地方行政管理机关所指定的相关标准影响国家相应主管部门登记备案。一旦针对相同调整对象的国家标准和行业标准制定之后，地方标准便不再适用。

2）事实标准

事实标准在设定程序上的差异性使其与其他法定标准存在明显的区别。其主要是由单个或少数企业未能经过法定标准设定程序进行制定、颁布或认可的标准。事实标准不仅对设立程序没有要求，而且并不要求没有参与标准制定、颁布或认可的其他产品或服务的相关提供者也适用此类标准。根据此类型标准制定、颁布或认可时主体数量的多少，事实标准具体可以分为单企业标准和联盟标准两类。

（1）单企业标准。单企业标准是指某企业在其所使用技术领域范围内，通过产品或服务在市场经营竞争中形成的绝对优势导致市场不得不普遍接纳其所形成的标准。这一类标准在当今市场范围内并不少见，其所起到的作用同样十分显著，微软的 Windows 操作系统标准便是其中最为知名的一例。

（2）联盟标准。与单企业标准相反，联盟标准的制定、颁布和认可的主体是多个企业，其通过在市场上联合推广产品或服务的技术标准从而实现标准化需要。在这一点上，此标准与前述单企业标准一致，联盟标准同样不具有官方背景。由于联盟标准制定、颁布或认可的主体非单一属性，联盟标准形成过程中往往需要多个企业进行磋商或会谈等协商活动，一般来说是由某个团体如协会等非营利性组织主导该标准形成过程中的一切事宜。如果形成的联盟标准是向组织成员外的相关企业开放，那么上述团体还会负责标准的推广等事宜。故此，联盟标准在通常环境下，可以依据其是否向组织外部开放分为开放型联盟标准和封闭型联盟标准。开放型联盟标准适用于组织成员外的企业，一般来说，通过某些程序如政府相关主管部门认可后可以转化为法定标准。但是封闭型联盟标准却难以转化，因为其只能适用于成员内部，并不对外适用。

此外，根据标准约束性的强弱作为分类标准，又存在强制性标准和自愿性标准两种相对应的类型。

1）强制性标准

强制性标准，一般是指能够依据法律法规等制定并在其之上可进行强制实施的标准。因此，是否具备强制实施的效力，是判断某一标准是否属于强制性标准的关键。强制性标准，又可被称为"技术法规"。

我国 GB/T 20000.1-2002《标准化工作指南第1部分：标准化和相关活动的通用词汇》第2.3.6.1条对技术法规的规定是："规定技术要求的法规，它或者直接规定技术要求，或者通过引用标准、技术规范或规程来规定技术要求，或者将标准、技术规范或规程的内容并入法规中。"另外，何谓法规、规程和技术规范？第2.3.6条规定："法规是由权力机构通过的有约束力的法律性文件。"第2.3.5条规定："规程是为设备设备、构件或产品的设计、制造、安装、维护或使用而推荐惯例或程序的文件。"第2.3.4条规定："技术规范是指规定产品、过程或服务应满足的技术要求的文件。"

另外，《中华人民共和国标准化法》对强制性标准也进行了规定。强制性标准主要分为两类：一类是保障人体健康、人身、财产安全的标准；另一类是法律、行政法规规定强制执行的标准。

2）自愿性标准

自愿性标准，是指自愿选择是否适用的标准。这一概念与《中华人民共和国标准化法》中规定的"推荐性标准"内涵相同。自愿性标准由于不具备强制实施的先决条件，市场上的任何企业主体可以根据需求自由选择是否适用该类标准。即使未采用该标准，也不会导致违法情况的出现，无需承担任何法律责任。但是，应当注意的是，一旦产品或服务的市场提供者接受了该类推荐性标准并且将之并入商业合作协议或其他文本中，推荐性标准便成了合作各方应当履行的义务，产生了法律约束性。

（三）标准化组织

当前，世界范围内能够制定权威标准的组织主要有以下主体：①国际标准化组织（International Organization for Standardization，简称 ISO）；②国际电工委员会（International Electrotechnical Commission，简称 IEC）；③国际电信联盟（International Telecommunication Union，简称 ITU）；④国际标准化组织认可的其他国际组织。下面对重要的权威标准组织做出详细的介绍。

1. 主要国际标准化组织

（1）国际标准化组织（ISO）。国际标准化组织（ISO）作为一个在全球范围内具有极强影响力的非政府国际组织，1947 年成立于瑞士日内瓦，经过半个多世纪的发展，已经成为当前世界最为重要的国际标准化机构。它的宗旨是"在世界范围内促进标准化工作的开展"，主要具体任务可以分为三个层次：首先，制定国际标准；其次，在世界范围内为标准化统一工作提供必要的协调；再次，展开与其他国际组织的协作配合，推进标准化的一体进程。

国际标准化组织（ISO）共有三类组织成员，分别是成员团体（此为正式成员）、通讯成员和注册成员。根据国际标准化组织（ISO）章程规定，任何国家仅可以选派一个在国内具有典型性的国家标准化机构，并将其委以正式成员的身份来参加到国际标准化组织的活动之中。通讯成员在国际标准化组织中不具有投票权，一般是由未能完全开展标准化活动的国家组织以观察员的身份参加，能够在组织活动中获得相关信息。某些经济水平较为落后的国家，由于尚未建立国家标准化机构，一般为注册成员。针对这样的国家，国际标准化组织要求其缴纳的会费很少，但同样可以参与国际标准化组织的活动。国际标准化组织发展至今，共有 162 个国家成为其成员。中国在 1988 年就已经参加国际标准化组织的活动，期间机构经历国家标准化协会、国家标准局和国家技术监督局的变化，并在 2001 年确定以国家标准化管理委员会作为我国的代表组织，参与到国际标准化组织的活动之中。

国际标准化组织（ISO）的自身组织架构包含了全体大会、理事会和中央秘书处这三大组织机构，并在此体系下协作运行，共同实现其组织职能。其中，负责国际标准化组织（ISO）技术工作的机构是技术管理局，下设理事会，它是该类工作的最高管理和协调部门，每年召开三次会议。在技术管理局之下，国际标准化组织又设了标准物质委员会、技术咨询组和技术委员会三个专门机构。相关标准的拟定和修改，在常规情况下则是由技术委员会整体负责的。另外，技术委员会可以根据工作开展的需求设立数个分支技术委员会，而且二者均可设立秘书处。这里需要注意，技术委员会可以指定分支技术委员会的秘书处，反之则不然，技术委员会的秘书处只能由国际标准化组织（ISO）的技术管理局进行指定。

（2）国际电工委员会（IEC）。国际电工委员会（IEC）于1906年在英国成立。发展至今日，国际电工委员会已成为全球范围内享有盛誉的非政府间国际组织，其主要工作是建立国际电工电子标准体系。它的宗旨是"促进电气、电子工程领域中标准化及有关问题的国际合作，增进国与国间的相互了解"。为了实现这一目的，国际电工委员会（IEC）的工作内容集中于出版相关刊物，以在全球范围内进行推广和宣传，希望各国如果条件满足可以遵循该标准。

国际电工委员会（IEC）的成员由正式成员与协作成员组成。与国家标准化组织（ISO）一样，依据国际电工委员会（IEC）章程的规定，任何国家只能选派一个机构参加国际电工委员会（IEC），其名义必须是国家委员会。对于国家委员会，国际电工委员会（IEC）并未做出严格要求，可以是政府机构，也可以是学会、协会代表，多方联合的专门机构也可以被选派为国家委员会。关于协作成员，国际电工委员会（IEC）要求其只能以观察员的身份参加活动。但与国际标准化组织（ISO）不同的是，对其自身挑选的技术委员会或者分技术委员会，国际电工委员会（IEC）的协作成员可以进行投票表决。发展至今，全球已有130多个国家参加了国际电工委员会。中国于1957年加入国际电工委员会（IEC）参与工作。

国际电工委员会（IEC）的核心构成包括理事会、理事局和中央办公室。其中，负责管理国际电工委员会（IEC）标准工作的主要机构是标准化管理局，直属于理事局。另外，标准化管理局下设行业局、技术咨询委员会和技术委员会三个机构，其中的技术委员会便是负责拟定并出台相关标准，并对标准进行完善的部门。

国际电工委员会（IEC）与国际标准化组织（ISO）在建立与发展的过程中存在着紧密的联系。在后者刚刚成立时，国际电工委员会（IEC）曾以独立部门的名义成为国际标准化组织（ISO）的组成部分。但与其他部门有所不同，国际电工委员会（IEC）虽然是其中的一个部门，但是在技术和财政方面一直保持较高的独立性。后来，国际电工委员会（IEC）和国际标准化组织（ISO）达成协议分工的意愿，双方均致力于推动国际标准化的发展，但后者主要侧重于电工电子领域，前者则负责其他所有领域的国际标准化工作。所涉国际标准化工作的具体领域难以区分时，应当交由双方协商解决。2001年，两者共同发布了《ISO/IEC 导则》（ISO/IEC Directives），并将此作为双方开展工作的指南。为了更好地协调国际标准化工作，国际标准化组织（ISO）在

1995 年建立了联合技术顾问委员会，其目的主要有三：①针对两方的请求，对双方组织之间开展的技术合作等问题给出建设性建议；②针对新的技术领域应属哪一组织管辖的问题给出建议；③就《ISO/IEC 导则》实施过程中遇到的问题提供建议。

（3）国际电信联盟（ITU）。国际电信联盟（ITU）是联合国的一个重要专门机构，任何享有主权的国家均有权加入其中。在国际电信联盟（ITU）中，各成员国的代表机构享有平等地位和权利，承担同样的义务。

当前，电信在经济、社会发展中的重要性与日俱增，加入国际电信联盟能够使得成员在国际范围内发挥更大作用。早在中华人民共和国成立之前，我国就已经加入国际电信联盟。中华人民共和国成立后，我国曾在一段时间内被无故取消在国际电信联盟的合法席位，后又于 1972 年得以恢复。

国际电信联盟主要由电信标准化部门、无线电通信部门和电信发展部门三大组织部门组成。根据国际电信联盟章程规定，理事会应当每一年度都举行一次，而全权代表大会、世界电信标准大会和世界电信发展大会则无须如此，只需要每四个年度举行一届即可。另外，国际电信联盟应当每隔一年举办一次世界无线电通信大会，它的宗旨是：开展国际合作，促进电信和信息网络的发展；更新电信设施，促进电信资源有效运用，提高利用效率；推动全球范围内的各国开展广泛合作，协调矛盾，达到共同目的。围绕这一宗旨，国际电信联盟又将工作具体分为电信标准化、无线电通信规范和电信发展三大块，每一块工作的主要负责部门设为"局"，这样也就组建了电信标准局、无线通信局和电信发展局。

2. 国际标准化组织认可的其他国际组织

（1）美国电器工程师协会（IEEE）成立于 1884 年，是近代历史上最早的一批标准化组织之一，当前以太网（Ethernet）、无线局域网（Wi-Fi）、防火墙（Firewire）、蓝牙（Bluetooth）等著名的标准均是由 IEEE 制定发行的，其对全世界的标准化活动具有重要影响。

（2）欧洲电信标准组织（ETSI）成立于 1988 年，是成立时间较短但影响力巨大的标准化组织之一，全球移动通信系统（GSM）、3G 通信等著名的标准均是由 ETSI 制定发行。ETSI 特别重视专利政策的不断完善，在广泛讨论之下形成了内容覆盖面极其广泛的专利政策。同时，ETSI 与欧洲专利局（EPO）合作建立了一个专利数据库，披露了成千上万的专利信息。值得注意的是，ETSI 作为民间标准化组织，在欧盟范围内还需要受到欧洲委员会的监督指导，因而其一些专利政策是以符合欧盟法规来要求。

（3）美国标准化协会（ANSI）是美国国家标准化机构，负责美国国家标准的制定和协调。为了履行美国国家标准的协调职能，ANSI 负责对相关标准化组织进行认证和监督，同时制定标准化活动的基本政策来引导相关标准化活动。ANSI 也发布了比较简要的专利政策，这些政策属于 ANSI 所认证标准化组织的底线要求，是美国国家标准制定和实施活动中所必须遵循的要求。

（4）互联网工作任务组（IETF）自 20 世纪 60 年代开始专注于互联网标准的制定活动，其总部设于瑞士日内瓦，是互联网协会资助的行业标准化组织。其发布的最著名标准是 TCP/IP 协议标准，在当今互联网中被广泛运用，并且还是许多其他通信标准的基石，如 3GPP 标准。IETF 与传统的标准化组织有较大差异，它没有正式的会员，任何人只要具备互联网领域的专业技术能力，就可以申请参与 IETF 的活动，IETF 的标准化工作非常开放、独立，没有投票和批准程序。IETF 这种独有的特征也导致其专利政策与其他组织有很大的不同。IETF 倾向于其所制定的标准更加开放自由，避免专利权阻碍标准的普遍实施，故而一般不采用受专利保护的技术，至少是不采用费用不合理的专利技术。IEFT 还要求专利权人尽早地披露该标准可能涉及的专利信息。

（5）VEMbus 国际贸易协会（VITA）是致力于特定领域互联互通标准化活动的组织。2006 年 VITA 发布了其新版专利政策，并且主动将其政策提交给了美国司法部审查，成为第二个正式被美国司法部认可的标准涉及专利政策（第一个是 IEEE）。VITA 确立了前置披露义务，并且将披露作为专利权人的强制性义务予以要求。

（6）万维网联盟（W3C）是致力于构建网络互连标准化活动的组织，其将互联网的普及和公益性视为基本特质，由此导致其在标准必要专利问题上更加侧重于标准的推广便利。为此，W3C 认为，免费的专利政策非常适合 Web 标准。他们认为网络是全球范围内的基础设施，需要依靠最广泛的技术和规格分配。Web 标准依靠各类群体及其一系列开放资源的使用，搭建了一个沟通世界的媒介。

（7）结构信息标准化促进组织（OASIS）是致力于电子商务和互联网服务标准的标准化组织，成立于 1993 年。OASIS 是一个比较小的标准化组织，但是正处于快速发展中，其专利政策也在不断地更新升级。通过 OASIS 的专利政策分析，我们可以了解标准化组织规模变化带来的专利政策难题，也证明了一个规则适用于所有标准化组织是不切实际的。与此同时，传统标准化组织的专利政策都是采用 RAND 原则，但是 OASIS 放弃 RAND 原则，另辟蹊径的做法值得将其作为特殊样本予以分析。

（8）近场通信论坛（NFC Forum）是 2003 年成立的非营利组织，规模中等，致力于近距离客户设备的无线互动、相关标准的制定和推广活动及其认证。根据 NFC 的专利政策，无论是否存在相应的专利请求，所有 NFC 论坛成员都必须对标准相关的专利披露和许可问题做出承诺，从而最大限度地减少了事后披露情况的发生。

（9）数字电视开发论坛（HDMI Forum）致力于数字音频、视频的转换等软件和硬件的兼容标准，由七个公司共同发起设立，总体规模较小。新加入该论坛的企业必须签订一份协议，不得对标准的实施主张任何权利，即新加入者的专利被该论坛作成标准后，就没有索取许可费的权利。与此同时，该论坛要求所有使用其公开标准的组织向七位创始公司支付使用费。

二、知识产权中的专利

（一）专利及其种类

"专利"一词，源于英文"patent"一词，该词最初是指由国王亲自签署的带有玉玺印鉴的独占权利证书。国王的这种证书是通过一种特殊的"敞开封口的信件"传递，所经过的任何人都可以打开看到，其用意在于使得看到这一证书的人都知道所授予独占专利的技术内容，因此，专利的本意就是内容公开，享有垄断的权利。

由上所述，专利既是一种法律文书，其目的和作用在于对社会公开政府发放的信息，其信息内容是关于某一种发明创新的技术或方法，该发明创新的申请人被政府予以承认，并授予其一种垄断的权利，即专利权。

一般而言，专利权在大多数国家和地区可以分为三种主要形式，即发明专利（其中的发明又根据其对象，可以再分为产品发明和方法发明）、实用新型专利、外观设计专利。尽管上述的分类方式得到了大多数国家和地区的认可，但是在不同的区域及国际公约的规定中，专利的内涵和外延还是有着不同的概念及分类。

1. 不同国家对专利概念及种类的规定

（1）我国专利的概念及种类。发明、实用新型、外观设计是我国专利法所保护的三种专利。《中华人民共和国专利法》（以下简称《专利法》）第二条规定："本法所称的发明创造是指发明、实用新型和外观设计。"

《中华人民共和国专利法实施细则》第二条第 1 款规定："专利法所称发明，是指对产品、方法或者其改进所提出的新的技术方案。"通过对该法条的解读和延伸，对于产品发明应该理解为基于该类产品所提出的新的技术方案；对于方法发明应该理解为基于这类方法所提出的新的技术方案。我国《专利审查指南（2005）》第二章6.4款做出如下规定："技术方案是申请人对其要解决的技术问题所采取的利用了自然规律的技术特征的集合。技术措施通常是由技术特征来体现的。"《中华人民共和国专利法实施细则》第二条第2款规定："专利法所称实用新型，是指对产品的形状、构造或者其结合所提出的适于实用的新的技术方案。"《中华人民共和国专利法实施细则》第二条第3款规定："专利法所称外观设计，是指对产品的形状、图案或者其结合以及色彩与形状、图案的结合所作出的富有美感并适于工业应用的新设计。"

（2）美国专利的概念及种类。根据美国《专利法》的规定，共有三类发明创造可以获得专利。这三种发明创造分别为发明专利、外观设计专利和植物新品种专利。发明专利在美国专利法中具有重要地位；而外观专利和植物新品种专利，则并没有专属于其的特别规定，因此这两项专利的申请和取得一般都适用于发明专利的规定。

2. 不同国际公约对专利概念及种类的规定

（1）贸易知识产权协定（TRIPS）中的专利概念及种类。产品发明专利或方法发明专利是TRIPS中的专利的全部内涵；而TRIPS对于工业设计的保护，通过单独设立了工业设计有关条款的方式来实现。TRIPS第一条第2款规定："就本协定而言，'知识财产'一词系指第二部分第一节至第七节所提到的所有类别的知识财产。"而前述第二部分第一节至第七节所提到的所有类别的知识财产如下：①版权及相关权利；②商标；③地理标志；④工业设计；⑤专利；⑥集成电路的外观设计（分布图）；⑦对未公开信息的保护；⑧在契约性许可中对反竞争行为的控制。TRIPS第二十七条规定，排除法定的不能授予专利权的条件之后，"一切技术领域中的任何发明，无论产品发明或方法发明，只要其新颖、含创造性并可付诸工业应用（本条所指'创造性'及'可付诸工业应用'与某些成员使用的'非显而易见性''实用性'系同义语），均应有可能获得专利。"TRIPS第二十五条第1款规定："各成员应对新的或原创的独立创造的工业设计提供保护。各成员可以规定，如工业设计不能显著区别于已知的设计或已知设计特征的组合，则不属新的或原创性设计。各成员可规定该保护不应延伸至主要由于技术或功能上的考虑而进行的设计。"

（2）《保护工业产权巴黎公约》的专利概念及种类。1967年《保护工业产权巴黎公约》（以下简称《巴黎公约》）的专利内涵仅包括产品发明专利或方法发明专利，类似于TRIPS中相关的思路，《巴黎公约》将实用新型和外观设计作为两种独立知识产权类型进行保护。《巴黎公约》第一条第（2）项规定："工业产权的保护对象是专利、实用型式、外形设计、商标、服务标记、厂商名称、产地标记或原产地名称以及制止不正当竞争。"第四条A-（1）规定："已经在本联盟的一个国家正式提出申请专利、实用新型注册、外观设计注册或商标注册的人或其权利合法继承人，在以下规定的期间内享有在本联盟其他成员国内提出申请的优先权。"

（二）专利的本质特征

技术创造者或改进者通过允诺专利申请后向公众公开其享有的技术方案，获得国家授予其在一定时间期限、在一定地域范围内对该项技术方案享有专利权，即能够排除他人使用该项技术方案的权利。从本质而言，专利权属于合法垄断权。对于这项合法垄断权，国外有关专利的司法判例给出了极其精确的评价。例如，美国法院认为，专利实际上是一项契约，当事人分别是美国政府和发明人。双方根据该契约的规定，发明人应当向社会公开其发明创造，美国政府则应当在对方履行公开义务的同时授予发明人一项长达 17 年的独占权利。但是，当这个 17 年的独占权利到期后，社会公众都会享有免费使用该发明创造的权利。在日本，有法院判决认为，发明人为了获取专利权必须将自己享有的发明创造予以公开，这有助于社会上涌现更多的先进技术。同时，为了激励发明人通过专利申请的途径公开自己的发明创造，法律会授予发明人对其发明创造享有一定期限的独占使用权，使得发明人可以利用技术许可、独占使用等手段获取更多的市场利益。

1. 专利内容的公开性

从专利申请法律程序来观察，专利内容的公开主要发生在以下两个阶段。

（1）专利申请阶段的公开。我国《专利法》[①] 第三十四条规定："专利局收到发明专利申请后，经初步审查认为符合专利法要求的，自申请日起满十八个月即行公布。专利局也可以根据申请人的请求早日公布其申请。" 也就是说，当专利局对发明专利的申请进行初步审查后合格的，就会把包含技术方案在内的所有文件向社会予以公开。根据《专利法》第二十六条的规定，这些文件主要有以下几种：①请求书；②说明书及摘要；③权利要求书。国家知识产权局为了社会公众能够及时知晓公开的技术方案，会定期发布专利申请公告告知查询途径。

（2）专利授予后的公开。发明创造通过专利申请过程中的实质审查后，国家知识产权局会授予技术创造者或改进者专利权，同时对包含技术方案在内的所有文件予以公开。具体公布的文件与上述专利申请阶段的公开并无较大差异。另外，国家知识产权局也会对社会公众应尽快知晓的公开技术方案进行考

---

① 本部分成文时，《民法典》尚未施行。为保证文章完整性，不再对已废止的法律文件名称另行修改。

量，依职权定期发布专利技术授予公告并告知查询方法。例如，在发明专利的授予公告中，其公布的主要内容有：①发明专利申请的著录事项和说明书摘要；②发明专利申请的实质审查请求和国务院专利行政部门对发明专利申请自行进行实质审查的决定；③专利权的授予以及专利权的著录事项；④发明专利的说明书摘要。

2. 对新技术方案实施的垄断

一般而言，垄断往往会造成社会福利在一定程度上的减少，也会给正当竞争造成损害。但是，为了能够激励发明人继续开展创新活动、提升技术进步速度、增强社会福祉，专利法律制度赋予发明人垄断权也是必要的。根据我国《专利法》的规定，我国法律赋予发明人专利权的垄断性主要体现在以下三点：其一，专利权人获得国家授予的专利权后，有权阻止他人就相同的技术方案再次申请专利；其二，未经专利权人许可，任何人都不得实施其专利技术，即专利权人有权排除他人使用其技术方案；其三，经专利权人授权许可使用专利技术的，应当向专利权人交纳技术许可费。

但是，专利本身具有一定的局限性，受到保护期限和保护地域的限制，所以通过专利权是无法完全实现对某一技术的垄断的。专利保护的地域限制取决于专利权的地域性，是指权利人在某一国家申请获得的专利权仅在该国范围内有效，若想在其他国家获得保护，就必须在该国另行申请。否则，在未获得专利权的国家，权利人将无法垄断专利技术，但他人依然可以使用。而且权利人在某一国家申请获得了专利权，其所提交的权利说明书等文件将处于公开的状态，任何人都可以通过正当的途径获得，进而知晓其专利权的具体技术内容，了解相关发明、产品的制造方法。如果在其他国家该技术尚未获得专利权保护，那么该国的使用人就可以使用该技术，且其行为不构成侵权，而且通过这种方式直接使用该技术、比在已经授权保护的国家通过许可的方式使用，其成本要低得多。因为作为专利的发明研究人员，其需要承担因研究而产生的费用，而获得授权可以使用专利的使用人则需要承担使用的具体费用。专利受到的保护期限的限制是由专利的时间性导致的，专利权并不能获得永久性的保护，其权利仅在特定时间范围内有效。如我国《专利法》规定的发明专利的保护期仅为 20 年，若超过 20 年，该专利便将能够为公众所用；而实用新型和外观设计的保护期则较短，仅为 10 年。

第二节　标准与专利的融合

一、标准与专利的历史渊源

标准与人类社会经济文化，尤其是科学技术的发展形成了一种共生关系。因此，其概念的内涵与外延也必然处于一种随着生产力和生产关系的发展而不断变化发展的动态过程之中。具体而言，在讨论标准与知识产权法律问题时，需要在定义上进行广义以及狭义的区分。譬如《牛津英语词典》对"标准"的解释为"某种用来测量重量、长度、质量的尺度或对某种事物的要求程度"；《现代汉语词典》的解释则为"衡量事物的准则；本身合于准则，可供同类事物比较核对的事物"。如上所述，如把视角置之于广义范围内，标准的定义应当包括技术标准、计量标准和其他标准。对于后者来说，目前通常认为狭义的标准只包括技术标准。国际标准化组织（ISO）在相关指南中将之明确为"标准是为了在一定的范围内获得最佳秩序，经协商一致制定并由公认机构批准，对活动或其结果规定共同使用的和重复使用的规则、指导原则或特性的文件。标准宜以科学、技术和经验的综合成果为基础，以促进最佳的共同效益为目的"。

相较而言，法学理论上专门对狭义标准进行定义尚属罕见。有学者指出，技术标准是指"一种或一系列具有一定强制性要求或指导性功能，内容含有细节性技术要求和有关技术方案的文件，目的是促使有关的产品或服务达到一定的安全要求或进入市场的要求"。笔者认为，技术标准是一种对可用于指导批量生产制造行为的科学技术的一致性规定，在制造、生产、销售、管理等技术应用方面应当得到统一遵守。从类型化的角度看，可以将观察视野放宽至多个侧面，并进行区别化的讨论。可依据不同的标准制定主体，将其作用范围作为衡量标准，由大及小地划分为国际标准、区域标准、国家标准和地方标准；如将效力的作用对象作为划分标准，则可将标准区分为行业标准、协会标准和企业标准；如依据标准对各方主体作用的强度来进行区分，可分为强制性标准和任意性标准；根据标准的渊源的不同，可以区分为法定标准和事实标准。

（一）标准体系的发展演进

1. 标准体系的起源

如上所述，标准伴随着人类生产力的发展而变化。当人类开始进行原初形式的劳动时，标准就随之诞生了。换言之，标准是人类走出"伊甸园"，向有意识地改造自然并开始社会化生活的方向发展的副产品，反映的是人与自然之间的关系。生产和生活方式的规模化和可重复性催生了"标准"，从原始的"结绳记事"到对石器、陶器等生产力工具的样式、品种的探索等各个方面都可以发现"标准"的身影。人类社会出现农业和畜牧业的产业大分工进一步刺激了标准的发展。为了完成不同产业之间的物品交换，出现了计量标准，手工业自农业中分化出来则完成了手工业制品的标准制定，《周礼·考工记》中就记载了大量手工业生产技术规范的标准。值得注意的是，这一时期尚未形成科学技术共同体，所谓"标准"往往只是人们从日常生产过程中获得的各种制造经验的表现，止于描述某种自然现象或零散的技术知识，尚未有意识地将标准并入科学体系。因此，只能将之称为"经验标准"而非"技术标准"，只是"个别标准""偶然标准"而非"标准体系"和"标准化"。除了一些从事生产所必需的"底层"标准外，真正对技术进步有价值的标准往往以行业秘密、师徒口授的方式传播和利用。这一方面是由于人们尚未认识到标准对于生产力发展的重要作用；另一方面，对标准作用的忽视反过来导致标准不能得到恰当的保护。标准的发明人无法确定，实施标准所带来的收益往往会以外部性的形式散逸，无法完成成本和收益的内部化。

2. 标准体系的进化

工业革命同样引发了"标准"的革命。机器制造工业代替手工业成为主要的生产方式，为了满足大机器生产的需要，人们开始主动适用现代化的技术标准。统一化、通用化和可更换成为生产方式在适用标准后所具备的特征。从18世纪末期开始，美国武器制造业开始利用模具大批量制造可更换的武器零部件。依循这一思路，各种工业用零件和材料逐步开始走上标准化道路，劳动生产率得到了极大提高。几乎同一时期，标准化生产的思路开始影响生产管理，并出现了标准化管理。1911年出版的《科学管理原理》阐述了"标准作业方法"和"标准时间"的概念，通过标准化管理提高了生产的科学性。随着标准化的管理和生产所制造的产品开始在全世界输送和交易，标准开始向国际范围扩大和传播，并开始出现国家标准和跨国行业标准。率先开始工业革命的英国从20世纪初便先后设立了工程标准委员会、国际电工委员会（IEC）和国家标准化协会国际联合会（ISA）。其中，国际电工委员会是第一个设定有关（电工）标准化概念和基本规范的组织。在这一时期，人类开始有意识地从制定主体和具体内容角度开展标准化活动。在生产活动中通过统一化、通用化的标准来促进大规模流水线制造方式的发展，并通过制定和实施标准的方式来主动促进生产效率的提高。因此，可以将其称为近代化的标准。这类标准与上述古代标准相比，显示了人类运用技术成果的主观能动性，但尚未涉及标准与专利之间的关系问题。

3. 标准体系的成熟

工业革命后，人类社会发生了技术革命和产业革命，在生产力结构布局中，传统工业模式逐渐让位于技术和知识经济样态。在经济将地理位置模糊以及技术集合度提升的宏观语境下，"标准"在社会经济发展过程中承担了更加重要和多元的角色。

第一，不仅在生产制造及其管理中适用标准，政府也开始运用标准进行市场管理，来避免自由竞争局面下出现的市场失灵缺陷。简言之，政府在承担市场管理职责时，主动利用标准来规范生产行为。产品质量标准、合格认证、技术标准许可等形式的标准成为相关政府机构管控市场秩序的利器，从生产制造企业及其管理者两个方面都凸显了标准的重要作用。不仅如此，在工业之外的其他产业以及公共服务等领域同样出现了利用标准进行管理的迹象。

第二，标准在"抹平"不同国家和区域间商品和服务流通在质量、品质方面差异的同时，也成了一种新形式的贸易壁垒。标准是一把双刃剑，在关税贸易壁垒被全球一体化经济所摒弃和消解后，发达国家试图通过技术标准来实现其在经济贸易上的垄断地位，并以此来达成其控制技术发展的目的。《技术性贸易壁垒协定》中明确要求各成员国在制定技术法规和标准时应积极采用国际标准。这在本质上，是将技术标准视为国际市场准入的一张统一"许可证"，提出标准的国家或企业主体就在无形中掌握了"授权许可"的权力，而其他主体则必然成为标准的追赶者和被许可方。在 20 世纪中后期，我国即确立了引进国际标准的思路，以适应对外开放，广泛借鉴先进的技术以及管理经验、推定科技进步、推动产品质量提升以及满足对外经济发展的需求。《国家质量振兴纲要》中明确提出，进入 20 世纪后，主要工业产品有 75% 以上需按照国际标准或国外先进标准来组织相应的生产工作；至 2010 年，主要工业产品遵从国际标准或国外先进标准组织生产率达到 85% 以上。根据美国商会发布的市场调查报告，至 2006 年左右，标准对国际贸易具有巨大影响力，全球市场中被各类标准所涵盖的贸易规模高达 8 万亿美元。通过参考我国科技部调研室在 2004 年发表的《技术标准是什么》研究报告可以发现，"在关税壁垒逐渐被拆除后，技术标准已经成为发达国家垄断和控制国际市场、保护和发展本国市场最有效的手段"。

第三，标准成了企业和国家占领市场份额、提高竞争能力的关键因素。在市场竞争日益激烈的当下，竞争的"战场"已经从下游的产品逐步向上游的技术研发和标准制定方向转移。一方面，市场竞争主体总是在寻求通过垄断来实现自身利益最大化，而在技术发展白热化的同时，技术与技术之间相互依赖的程度也在逐步提升，单纯靠推出新产品甚至某项新技术已经不能占领和扩张市场份额，企业开始将可以操控技术研发进度的标准作为新的市场竞争主战场，这样做既能在横向上覆盖同行业同类产品市场，也能在纵向上向产业上下游扩张，以求获得一种"超垄断"地位。另一方面，国家也可以通过制定和实施标准，达到产业升级和占据国际竞争优势的目的。其一，将标准作为技术传播、消化以及产学研相互转化的桥梁和枢纽，促进产品与技术、研究与生产之间的融合，从供给端和需求端两个维度完成高质量的发展目标，并极大地提高经济发展的质量和社会福祉的效益。其二，参与到国际范围内的标准制定工作之中，推动国内相应行业标准成为贸易的通行准则，进而从侧面维护本国相应的产品或服务在国际市场竞争环境中占据先天性优势。因此，在较为极端的情况下可以认为，标准的制定者可以通过标准来实现对于市场的控制。标准已超出了原有技术规范的涵义，兼具了影响市场竞争的作用，并可为国家间的贸易竞争提供有力的辅助。根据相关调查成果，标准化仅在德国，即可带来160亿欧元以上的经济收益，其在国民经济生产总值上的占比超过一个百分点，其对经济的贡献率则接近三个百分点，与普通专利相比，其提高了接近8倍的经济利益。正是由于标准的重要经济价值，部分经济上处于优势地位的发达国家，积极推动制定并实施标准化的国际经济贸易占有率。我国政府也高度重视标准作用的发挥。21世纪初，我国政府在国家科技教育领导小组第十次会议上强调"技术标准已经成为国际经济竞争的重要手段，要尽快完善国际技术标准体系，改变我国技术标准化建设滞后，特别是高新技术领域标准受制于人的状况，用高新技术标准推动经济结构调整、产业升级和对外经济贸易的发展"；2001年，我国政府提出了实施"人才、专利、技术标准"三大战略；2006年出台的《国家中长期科学和技术发展规划纲要》中更加明确地提出了要加快实施技术标准战略，充分发挥标准在促进经济社会快速发展中的技术保障作用。

通过对其发展沿革的观察可以发现，尽管标准在诸多内涵元素上的发展是与社会整体发展进程保持着较高的一致性的，但其同样秉承着其自身无可替代的独特性。具体而言，在标准上所表现出的一体化、范式化特点，正是其具有普遍适用性的内因。标准成了促进智力思想与现实产品联结的有效纽带，进而成了国家经济实力的明确标识。这一系列内容，在世界范围内均形成了强烈的反响，各国均对此给予了十足的关注。两者间的交融之势，造成了两者间的"技术专利化，专利标准化、标准全球化"态势。

（二）专利制度的发展演进

在历史的进程之中，专利与商业经营之间的联系是难以割舍的。两者间的联系体现在多个层面之上，并呈现出相互影响、相互作用的趋势。

1. 专利制度的起源

在长久的历史沿革中，对于技术独占性的维护手段同样经历了长久的发展。早期，工商业者普遍采用类似于保护商业秘密的方法来避免技术泄露所引发的经济损失。而真正法律意义上的专利保护体系，则起源于欧洲文艺复兴早期。欧洲部分国家在科技上的发展，使某些商业经营者取得了技术上的进步。为谋求更大的独占经济利益，这部分经营者便寻求在一定时期内取得该商品的独占性经营权。在这其中不仅包含了排斥他人生产销售此种产品的机会，还可包含在经营过程中的税收减免福利。尽管此时的专利制度并非近代意义上的专利制度，但已表现出了此种制度的雏形。1474 年，世界范围内公认的第一部专利法在威尼斯共和国出现，而真正具有划时代意义的有关专利的专门法律为1624 年在英国颁行的《垄断法》。学界普遍认为，此部法案为专利保护体系的发源，后世的制度改革在很大程度上是以此为蓝本的。由于专利的垄断经营权是通过行政力量实现的，早期的统治者授权某一主体专属经营权利，且此种权利难以进行流转。"特许权的保护是一种'钦定'的行政庇护，而不是法定的权利保护，在中世纪欧洲的许多国家，特许权并没有制度化、法律化。换言之，特许令状仅限于个别保护、局部保护。"这种保护机制并非普世化的激励创新的有效机制，其所针对的权利主体较为有限。

2. 专利制度的进化

自工业革命后，科技发展的成果直接作用于生产经营活动之上，并在近几十年内，表现出从劳动密集型向智力密集型发展趋势的转变。在此大背景下，思维活动所形成的成果逐步呈现出产品的特质，并成为市场中的有效流通物。因此，与之对应的法律保护体系随之产生。同样是在英国，19 世纪中期《修正专利法》的颁行，正式将专利权上升为法定的私有财产性权利，并将其独立出原有法典之外，确立出其在民事法律体系中的地位。由于专利权的独特属性，在其之上所凝结的国家意志已超脱于私有权的实际权属之外，更多地表现出国家对于智力成果的管理。加之社会经济发展所催生出的产业分化、分工的形成使各方参与者在运用专利中所呈现出的侧重点差异性加大。专利权的实际运行表象由权利人独占实施，转化为多样化的运行样态，仅许可使用一种方式就表现为独占、交叉、分实等多种形式。因此，在专利之上甚至产生了专门化的许可证交易形式，并形成了多样化的交易平台。专利制度的发展同样经历了从统治者授权独占实施，向公民普遍享有并可据此获益的态势转变。工业智力成果创造者，可根据国家相关法律法规对该内容享有排他性的处分权，并可根据其主观自由意志对该权利进行让与。除此之外，专利制度不仅实现了"对知识产品的利用和分享机制进行重新配置，以在均衡知识产权人个人利益和社会利益的基础之上实现社会知识资源利用的最佳效果"，更"为专利权人的经济效益的实现开通了一条方便之道"。

3. 专利制度的成熟

20世纪下半叶以来，伴随着科技新兴技术的喷涌式发展，科技革命的效益直接作用于经济生活之中。由此而引发的经济竞争，实质上是以科技的竞争为轴心运转的。专利技术作为科技和知识资源的有效载体，成为推动国家发展的重要支撑点。为避免由科技所造成经济收益的"剪刀差"，发展中国家积极寻找对策，并最终将知识产权作为其有效的策略基点，以此来实现在经济竞争中的地位，并实现自身的长足发展。我国在21世纪前十年中，已意识到知识产权的重要作用，并将其提升至国家战略的层面，形成了《国家知识产权战略纲要》这一战略性发展纲领，并在其中明确指出，应当发挥知识成果的实际商业价值，并借助其实现经济蓬勃发展。在这其中，与工业最为密切相关的非专利莫属。但传统意义上的专利运行机制，已难以实现微观层面上权利人对经济利益的追求效果。在宏观层面上，传统专利制度同样难以切合国家谋求知识成果转化为经济成果的现实要求，这种矛盾在某些领域内表现尤甚。例如，在技术密集型行业内，其产业新陈代谢率较高，既有的专利运作方式，难以切合其发展变革期缩短的趋势。在此种大环境下，为谋求一体化、快速化的发展通路，标准与专利之间的交融极好地适应了专利权发展的整体利益需要。正因如此，各行各业内均产生了专利技术的新型门类，即"专利性技术标准"。

同样，在专利法律保护体系的自身发展进程中，最为有效的推动力应当是专利所依据的技术内核。另外，法律保护体系同样实现在专利技术上的激励效果，进而形成了专利发展上的良性循环。在历史的进程之中，无论是何种授权范式所确立的专利保护路径，其专利技术所具有的核心本质内涵，均保持着较强的一贯性。在专利之上的垄断性、专有性等核心法益，在专利的法制制度中从未缺席。正因这一部分利益在法律中被确认，权利人为谋求更为丰厚的经济利益，积极寻找在其权利之上的扩展路径。而在诸多路径之中，标准专利成了一条重要通路。因此，在刺激经济与技术的发展同时，专利呈现出了其在影响力上的消极面，其在经营活动上的控制力，极有可能造成权力的扩张，并在扩张中呈现出权利滥用等不良行为表现。

二、标准与专利融合的必然性分析

（一）标准与专利融合的发展脉络

1. 标准与专利融合的国际进程

标准与专利结合，最初是起源于信息技术行业中推行的事实标准。后来，企业或其联盟将标准与专利的融合视为一种常用手段，以此参与市场竞争。它们主要是将自己享有专利权的技术方案描述成标准，借助市场推广宣传的力量，让市场认可该项技术方案并使之成为主流，如此就可以使得使用该项标准或技术方案的其他竞争者对其形成依赖，从而使得享有专利权的一方市场竞争者能够实现最大的商业利益，而且能够不断把持市场垄断地位和长期占据市场竞争优势。

在国际上，很早就已经出现国际标准和专利结合的现象。前文所述的各个国际标准化组织在制定标准工作时，早就已经涉及专利的国家标准问题。其中国际电工委员会在此方面起步最早，于 1967 年便已经出现涉及专利的国际标准，而国际标准化组织和国际电信联盟则在 1983 年出现了专利的国际标准。有数据显示，至 2009 年年底，国际标准化组织一共发布 18083 个标准及标准类文件，而这里面有关专利的标准占整体的 1.66%，大约 300 个；国际电工委员会自成立至 2011 年 3 月 23 日共计制定标准达 6271 项，其中有关专利的标准有 475 项，占比约为 7.57%；国际电信联盟截止到 2010 年底，总计发布的标准数量为 6371 项，里面有关专利的标准比例达到 7.3%，约计 464 项。数据显示，涉及专利的国际标准在标准总量中的占比并不大。由此可见，国家标准化等组织机构对把专利和标准相互结合这一问题依旧持谨慎态度。据了解，这是因为一旦将专利与标准进行融合，在实践生活中容易滋生大量法律案件，特别是知识产权纠纷将会大量出现。但是，近年来这一现象似乎有所改变，涉及专利的标准数量显示出较为明显的增长。以国际电工委员会为例，涉及专利的标准数量呈现出极其明显的上升势态，该数量在 2000 年为 1 项，2005 年是 28 项，到 2010 年已经达到了 69 项之多。

目前，标准与专利的结合方式主要有三种：第一种，标准用来明确产品应当满足的具体指标或者功能特性，而专利则是可以实现这一目的的技术方案。虽然从技术方案的字面上看不出其与标准的具体联系，但是这项具有专利权的技术方案确实能够实现这一标准的技术支撑和方法。第二种，标准中只有部分内容规定了产品的某些特征，专利是用以实现产品全部技术特征或某些特定特征的技术方案，这类专利与标准的结合主要存在于通信等技术领域。第三种，标准的某些或所有内容关乎产品的所有特征，而且这些特征与具有专利权的技术措施所规定的技术特征完全一致。也就是说，标准所规定的内容就是一项完整的专利技术方案。可见，专利与标准的结合实际上是专利技术所规定的方案融入标准中去，成为其中的重要因子。技术标准不再是单纯的技术需要达到某一指标或功能的集合，而是已经兼有许可功能的专利技术方案，从而实现了技术标准在世界范围内的许可战略。

值得一提的是，正如前文所述，由于事实标准与法定标准在多个方面均存在较大差异，如前者的制定主体多为企业，而后者的制定主体基本是政府或取得政府批准的机构。两者间存在的差异导致两类标准与专利在结合过程中所遇到的问题也不尽相同，解决途径自然也就有所区别。企业标准，也就是事实标准，它与专利的融合主要围绕的是企业自主知识产权在许可方面的问题，将事实标准并入专利是帮助企业实现专利权的一种手段和方法，能够获得《专利法》的保护。那么，企业标准在与专利的融合过程中所遇到的问题的解决方法多是依据《专利法》和《合同法》等法律进行处理，几乎都是属于意思自治的范畴。尽管有时可能涉及专利权滥用的问题，但这些也都可以借助专利法和反垄断法对其进行规范。本书主要研究专利与法定标准的融合问题，并将其问题的解决和协调作为研究重点。

2. 标准与专利融合的国内进程

20 世纪 80 年代，我国开始出现标准与专利的融合现象，这与我国当时开始采用国际标准的经济政策不无关系。据了解，我国首次发布的涉及专利的国家标准是《VHS 型 12.65mm 螺旋扫描盒式磁带录像系统》（GB/T 7399-1987），由当时的国家标准局于 1987 年 3 月 12 日发布，这一标准与当时国际电工委员会《VHS 型 12.65mm 螺旋扫描视频磁带盒式系统》（IEC 774-1983）标准等效。当时，标准与专利的结合在我国数量极少，而且主要集中于信息领域。由于那时国内对专利的认识不到位而且保护意识不强，国家在制定标准时虽然涉及专利但是并未明确说明，以至于当时社会各界未能够给予标准与专利结合问题足够的关注。

由于改革开放的不断深入以及国际市场的不断开放，我国企业为了能够"走出去"占领更为广阔的国际市场，在产品的生产制造过程中不断使用由国外企业制定和认可的"事实标准"。由于这些标准包含了国外企业的专利权，当我国企业在市场竞争中占据了巨大优势时，这些标准的制定者开始要求依据《专利法》收取专利许可使用费，否则便禁止我国企业使用该技术。无论是交纳专利许可使用费还是停止使用专利技术，都造成我国企业在产品制造过程中成本的极大提高，最终导致市场份额锐减，极大地打击了我国当时的某些行业的发展。令人印象最为深刻的就是当时的"DVD 世纪大战"。由于上述原因，我国 DVD 制造商缴纳了巨额专利许可费。据统计，当时中国有 75% 的 DVD 制造商破产，剩下 25% 的企业也从此一蹶不振，无力参与国际市场的竞争。从此，标准与专利结合所可能产生的专利权滥用以及垄断问题开始进入社会各界的视野，引起了人们的广泛关注。

21 世纪以来，为了经济健康持续发展、产业结构优化调整以及国家核心竞争力的不断增强，国家一直倡导科技创新，并且充分认识到标准的重要地位，尤其在促进科技成果转化等方面更为显著。在此期间，我国展开了大量有关自主创新标准的研究和制定工作，并且取得了较为显著的成果。例如，我国在数字电视、高铁系统等高科技领域建立具有自主知识产权的标准，有利于民族品牌在国际竞争中获得优势。据统计，2009 年底我国已经具有自主知识产权的国家标准共计 225 项，而且它们正在向国际标准推进。

将并入专利的标准数量与标准总数进行对比，可以看出这一比例并不高。但是，从近年来的发展趋势看，标准与专利结合的情况呈现出较为显著的提升趋势，这给当前世界范围内的标准管理和专利制度带来了较大的冲击。

（二）标准与专利融合的主要因素

一般而言，标准与专利应当毫无关联，这与两者的本质特性有关。技术标准通常要求其中的技术方案应当是通用的，而且是成熟的，最关键的是要能提供无偿使用。但是，专利往往具备较强的专有性、地域性和时间性等特点。两者最大的区别是专利技术的使用一般需要获得权利人的授权许可，其前提往往是需要付费。因此，标准化机构在制定或认可某一技术为标准时也会努力先将专利权排除在外。但是，由于某些技术的快速发展，导致在该领域尚未出现可供免费使用的通用技术方案作为标准的选择项之一，加之社会各界特别是技术发明人已经具备较强的专利保护意识，这就使得新的技术成果几乎都会包含专利权，从而导致标准化机构在为该领域制定和认可技术标准时不得不将具有专利权的技术方案作为该领域的技术标准。一般来说，技术标准在传统行业的出现路径通常是先有产品再有标准，也就是产品在前标准在后。但是，在当前的高新技术产业领域，技术标准的产生顺序有了很大的变化——即先有标准。以往企业为了能够实现对市场竞争的绝对优势，往往先用优质产品抢占市场份额，但是如今这种手段的有效性难及过去。当前，企业开始利用专利标准化的手段在市场竞争中形成垄断地位，从而保证拥有获取超额利润的能力。因此，如今的企业习惯于投入巨额资金研发新的先进技术，接着会向专利部门申请专利权保护，然后利用各种宣传推广的手段将自己拥有的技术方案标榜为行业标准或促使其他企业将其技术方案认可为行业标准。一旦当这一专利技术被定性为行业标准时，专利技术所属企业就会向同行业的其他竞争者收取专利费。借助这一系列的手段，企业能够成功实现专利与标准的融合。

具体来说，专利和标准结合又可细分为主观和客观两方面的因素。

1. 标准与专利融合的主观因素

正如前文所述，专利技术和技术标准的结合主要集中于高新技术领域，而且由于该领域技术发展的特殊性，标准化机构对这类专利与标准的结合的采纳往往是无奈的选择。所以，这里要论述的专利和标准相结合的主观因素不再考虑标准化机构，而主要考量何种因素促使专利权人将专利和标准进行结合。本书集中从下述几个方面进行详细的探讨。

（1）权利人获取优势地位的主观意愿对标准与专利融合的影响。众所周知，专利权人将其专利授予他人使用并收取相应的费用是其实现专利权的一种重要方式。为了能够更高程度地实现专利权并获得利益，专利权人自然希望能够授权更多地被许可人使用该专利技术，而且市场上存在的竞争对手越少越有利。何谓标准呢？标准的实质是整齐划一，如此在适用过程中便不可避免地存在强制性和约束性。一般来说，一旦某一领域的产品或服务被规定了标准，那么该领域产品或服务的提供者则必须采取各项手段达到该项标准的要求，否则就存在不能进入市场的可能。结合专利权和标准的特性，如果将专利技术并入标准之中，那么市场上所有接受标准约束的产品或服务提供者自然也就必须获取专利权人的许可。也就是说，市场上出现了更多的被许可人。换个角度观察，技术标准存在国际、国家、地区等层级的区别，国际标准和国家标准一般处于最高层级，在市场竞争中也预示着该类技术方案具备最佳组合特性，在市场上通常更容易获得消费者的认可。由于前述所列举的优势的存在，权利人必然具有将其专利并入标准的积极性。

（2）权利人突破时效束缚的主观意愿对标准与专利融合的影响。专利权具有时间性，也就是说专利权人并不会永远享有某项技术的合法垄断权。以发明专利为例，权利人对发明专利的合法垄断期最长为 20 年。但是，在此期间，该项专利技术的价值并非一成不变，而是会随着时间的推移不断降低，即越靠近权力截止日期其价值越低，专利权人进行专利许可往往也会越来越难。而且，由于如今技术更新速度极快，新技术的产生会淹没原有的专利技术。但是，一项技术标准的制定或认可往往是缓慢的，通常要经历很长一段时间才能最终得以确立某一技术作为某领域或行业的标准。一般来说，当一项技术标准被制定或认可时，实际上其采纳的技术可能已经被一项新的技术方案取代，但为了技术标准或市场的稳定性考量，一般不会立即变动该技术标准，而是继续沿用已经制定或认可的技术标准。这就是说，如果某一技术标准包含专利权人的技术方案，那么专利权人就能够借助标准所具有的稳定特点，以及标准在一定范围内可以被强制推行的特点，进而对新技术的产生造成负面影响，从而实现延长专利技术适用寿命的目标。这实际上已经突破了专利技术的时效束缚。

（3）权利人突破地域限制的主观意愿对标准与专利融合的影响。专利权的另一重要特征是地域性。尽管当前由于国际保护制度的完善，专利权的地域性较之以往有了较大程度的突破，但是这一特性并未完全消失，只是有所弱化。而且某一技术方案获得国际保护的程序极为烦琐，往往需要在多国进行申请，而且由于各国专利法规定存在差异，也就使得获得专利权保护的技术方案在各国保护水平并未一致。但是，国际技术标准却不存在这方面的问题，全球参与适用这一标准的成员国应当依据统一要求，不存在地域限制和差异。如果某一国际性标准化机构将某一专利技术并入标准之中，那么该项专利技术便无需再在各个国家通过申请专利的方式获得保护，标准本身便可以为其带来丰厚的垄断利益，从而占据有利的市场竞争地位。由此可见，专利权人能够借助二者的融合突破专利权天然的地域属性。

（4）权利人追求垄断效应的主观意愿对标准与专利融合的影响。随着科学技术在纵向和横向方面的发展，技术之间的关联性日益增强，一件产品上仅具有一件专利技术的时代已经远去，当下市场中的产品通常由多项专利技术构成，而这些技术的权利人又并非同一主体，此时若要生产该产品，就必须获得众多权利人的许可，甚至出现交叉许可（Cross License）的情况，并以此为基础建立起专利权联营（IP Pool），即不同权利主体之间互相许可，从而可以使用对方的专利，并以各个企业构成的联盟的名义将彼此关联的各项专利权以"打包"的方式授权给他人使用。而专利标准化则恰恰可以满足专利交叉许可以及建立专利权联营的需求，可谓是最好的选择。首先，专利标准化可以最大限度地将互补性专利技术的权利人聚集起来，在这些权利人之间建立稳定而长期的合作关系；其次，专利标准化可以借助技术标准的强制性作用，使得技术使用者同意打包许可的方式。在交叉许可和打包许可过程中，专利权人可以在众多企业之间建立起事实标准，而在之后的发展过程中，由于该事实标准被更广泛地认可，并逐渐转化为行业法定标准或者国际标准，从而使得该技术拥有更高的价值含量，并可以在一定范围内垄断市场。

2. 标准与专利融合的客观因素

除了主观因素之外，技术标准与知识产权之所以能够相互结合还有其客观因素，即除却人为影响之外的其他因素。

（1）技术发展的趋势迫使知识产权融入技术标准。在技术发展的初期阶段，专利对特定领域技术的影响无论从数量或是质量而言，都是有限的，此时标准的制定者完全可以避开知识产权而选择非专利技术作为标准，从而保证更多的人能够使用该技术，而不必受到知识产权人的限制。但随着经济技术的发展，尤其随着迈入知识经济时代，技术的发明者和拥有者具备了更强的知识产权意识，通过知识产权来对技术加以保护和垄断的现象日益广泛。相关数据显示，美国在微处理器方面的专利数量便达到九万多项，而数量如此庞大的专利又归于上万的所有人。由此我们可以看出，当今时代专利的触角几乎触及技术的方方面面，而且对技术的影响范围和深度都远超过去。

面对这样的技术发展趋势，在制定标准时，企图完全回避专利而采用非专利技术已经不具备现实可行性，因为能够反映技术发展特点、适应技术发展水平的技术几乎都被专利所垄断。归属不同权利主体的专利之间并非完全孤立的，有些存在竞争性关系，而有些则构成互补，甚至有些构成锁定性关系。另外，由于同一领域的专利技术过于分散和独立而导致形成专利灌丛，进而影响专利的转化和运用，有碍技术效果的发挥。

正是由于专利越来越多地渗透到技术领域，所以在制定技术标准时，如果该项专利作为技术标准是最优选择，那么就不得不在某些方面并入专利技术，从而为专利与标准的融合创造了客观环境。

（2）市场竞争法则促使标准与专利融合。无论是强制性标准还是推荐性标准，其制定与实施都应当是建立在平等自愿协商的基础之上，如若最终制定的标准无法得到大多数技术相关方的支持，那么该标准也就形同虚设，无法被有效地施行。而在众多主体中，知识产权人对专利并入技术标准的态度将对标准的实施产生十分显著的作用。因为在知识产权意识日益深入的当下，回避知识产权的标准制定显然已经不可能，而企图迫使知识产权人放弃权利而将其专利并入技术标准也是不现实的，因为专利权人的利益正是源自于其对专利技术的垄断，要求其牺牲自身利益显然不符合市场竞争法则。例如，在全球通信系统（GSM）标准的制定过程中，欧洲电信协会曾经以通信设备的自由定价权为条件，要求拥有关键技术的专利权人许可他人免费使用其专利，但由于该要求极大地损害了专利权人的利益，而遭到众多公司的极力抵制，从而使 GSM 标准的制定被迫推迟。之后，为了推进制定进程，欧共体还成立了欧洲电信标准学会（ETSI），ETSI 为了协调专利权人和各方主体之间的利益，制定了"缺席许可原则"，要求除非权利人做出额外强调，否则便认为其允许公平、合理且非歧视的许可。这一规定虽然相较于之前欧洲电信协会的做法较为合理，且兼顾了专利权人的利益，但依然遭到众多公司的抵制。为此 ETSI 最终赋予专利所有人许可的权利，才使得 GSM 标准得以实施。

事实上，要求专利权人放弃其应当享有的权利，不仅不具有合法性，而且也不具有合理性。从合法性方面来看，因为专利权本身就是法律所规定的，权利人应当具有的一项专有权利，他人未经许可无权使用，而且非经法律明确规定，不应被剥夺，因此即便是出于制定技术标准的目的，相关机构也无权迫使专利权人放弃其依法享有的知识产权。而从合理性方面来看，倘若一味要求专利权人放弃其应当享有的权利，而专利权人又不愿妥协时，便可能会出现两种情况，要么技术标准回避专利技术，仅使用非专利技术，但这在专利技术遍布的当下，不具有现实可行性，而且容易使技术标准不符合技术发展需求；要么专利技术被强行并入标准，但标准出台后又遭到权利人的抵制，而使技术标准无法得到广泛推行，影响技术标准的实施效果。无论是哪一种情况，其最终结果都会对技术的发展产生负面影响，也不利于公众享受技术发展带来的有益成果。

因此标准制定者在制定标准的过程中必须与各方权利人和利益相关者进行友好协商，在自愿、平等的基础上促进标准的制定和出台。

（三）标准与专利融合的必然结果

1. 标准与专利的共性特征促使融合成为必然

（1）标准与专利共同的领域范畴。无论标准或是专利，其所涉及的大都是技术范畴，而技术实际上就是对自然和社会进行改造的方法，是对不断进步与发展的人类技能的总结和归纳，两者都必须依据既有的科学技术知识和实验成果，从而实现对外部世界的改造和利用。

（2）标准与专利共同的法律属性。无论是技术标准还是专利技术，二者都具有明显的非排他性和非竞争性。所谓非排他性又可以称为共享性，即某一产品可以供所有人同时使用，任何人对该产品的使用并不因他人对产品的使用而受到影响或破坏；非竞争性则是指某一主体对某一产品的使用并不会降低其他主体对该产品的使用，换言之，就是产品使用人虽然在数量上增多，但却并不因此产生边际成本。

标准和专利都不同于一般私人产品，私人产品一旦被某一私人拥有，他人在未经同意或许可的前提下便无法再占有、使用该产品。标准作为特定领域的统一技术要求，其制定的目的便是希望特定行业的所有从业者都能够遵从该标准，因此众多主体可以同时使用该项标准，某一主体对标准的使用并不会产生排除效果。而专利作为一种知识成果，其具有无形性，某一主体对该知识成果的使用并不会排除和阻碍他人对该知识成果的运用。而当专利技术被并入技术标准之后，二者所具有的非排他性和非竞争性，使得两者都能够为所有使用人提供使用机会，而且技术本身并不会因为某一主体的使用而被耗损，某一主体的使用行为不会对他人的使用行为造成阻碍。正是由于标准与专利的这一特性，使得二者相互结合之后可以形成共赢的效果。

（3）标准与专利共同的需求导向。专利权作为法律明确赋予专利所有人的一项权利类型，其具有专有性和垄断性，能够为专利权人带来不菲的经济利益，实现对相关市场的控制。但单纯的法律确权并不能自然而然产生前述效果，还必须通过广泛和深入的宣传推广，使专利拥有更高的知名度，进而通过许可或转让的方式实现盈利，并扩大其技术产品的市场份额，实现长期盈利。使标准成为行业通行准则则是标准制定的重要目的，通过施行标准可以实现整个行业技术标准的统一化和规范化。由此可见，不管是标准抑或是专利，它们存在着共同的目标追求——扩大使用率。

2. 标准与专利的差异互补促使融合成为必然

标准与专利之间虽然在所涉及的领域范畴、法律属性等方面具有相似性，但二者的差异也是不容忽视的。标准与专利之间的差异主要体现在侧重点不同。专利属于技术成果，其通过知识产权法律法规加以保护；而标准则侧重技术的转化，其通过对技术方法的统一，可以加速技术转化的效率，是技术成果实现产业化的重要纽带，也是促进技术在世界范围内推广的重要工具。同时，不同于一般物权的客体，专利的客体具有无形性，往往较难被人感知，而标准则恰好可以充当专利技术的载体，使得专利技术能够被广泛地了解和认知。

将标准与专利结合，通过两者之间差异的互补，可以扩大市场影响力。首先，专利标准化可以充分挖掘技术价值。一方面，将专利技术并入标准可以提升标准本身的技术质量，因为当前大部分代表行业先进水平的技术都被专利所垄断，因此技术标准若想反映行业水平，就必须通过并入专利来提升质量；另一方面，将专利并入标准可以充分实现专利技术的价值，因为一项专利技术一旦成为行业标准，就意味着在将来特定时间段内，该专利技术将获得广泛的应用，甚至可能成为行业主导技术。如此一来，该项专利技术在未来的市场竞争中就能占据相当的甚至绝对的优势地位，从而获得巨大的经济收益。其次，将专利技术并入标准，有助于专利技术实现成果转化，提高专利技术的利用率。当前专利技术的绝对数量庞大，但与之相比，专利的转化和利用率却十分有限，究其原因，主要是信息的不畅通和转化的成本过高。专利技术的潜在使用人要么尚不知晓某一专利技术的存在，要么即便知晓，也必须耗费较高的谈判成本与专利权人进行协商，从而极大地影响了专利转化的进程，使得诸多专利技术依然只存在书本之中，无法惠及社会公众。根据数据显示，中国的科技成果转化率很不理想，目前尚不足20%。再次，技术进步带动市场经济增长的动力不足，较之发达国家技术进步在经济增长方面动辄60%以上的贡献率要低得多。2010年，国家知识产权局公开发布了我国2008年授权发明专利有关运用情况的调查报告。这一年，我国共有9.3706万件专利获得授权，但在众多专利之中，能够实现1000万元以上经济收益的专利不足2300件，数据差距之大显而易见；同时，在得以实施的各项专利中，绝大部分专利是由专利所有人自行实施，仅有不足20%的专利技术是通过转让或许可的方式加以实施，由此表明了我国专利转化方式的单一。较低的转化率无论是对专利权人还是社会公众而言，都是极大的损失。而通过专利标准化，可以利用标准本身所具有的扩散属性，扩大专利技术的授权使用范围，提高利用率。最后，将专利与标准相互融合能够完善专利制度与标准制度所存在的天然不足。标准制定者往往基于对生产实践中有益经验的归纳而制定标准，因此标准体现的是最优的技术成果，反映的是成熟的技术要求，也正因为这样，其往往在一定程度上具有滞后性，即滞后于前沿技术的发展。但技术更新换代的速度是迅猛的，标准若严重滞后于现有技术，将对行业的整体发展产生负面作用。如果将标准和专利技术结合，则可以有效地突破标准所具有的滞后性，使标准真正代表产业尖端技术，提高先进性。

从专利这一角度来说，并入标准的专利技术可以借助标准的统一性、强制性和全球性等特性打破专利权时间性的地域性等固有属性。各国法律都有明确规定，权利人对技术方案享有的专利权是有时间限制的，其权利状态具有一定的不稳定性。与之相反，技术标准则具有较强的稳定性，通过融合，使得专利技术可以通过技术标准这一平台拓展其使用寿命，纵使技术不断推陈出新，也并不会导致专利权归于消亡。另外，一项智力成果在某国获得了专利权并不代表其在别国也受到保护，这就是专利权的地域性属性。而且，不同国家对待知识产权的态度有所差异，进而导致保护水平和力度也不甚相同。而技术标准则并不具有较强的地域性，地域对标准的影响并不明显，尤其是对于一些国际通用标准，其在世界各国均有效力。所以，如果某项专利技术被采纳成为标准，特别是成为国际性技术标准，那么即便该专利在各国均取得垄断优势，而无论其在该国是否获得专利权，从而也能够通过标准化的优势打破专利地域性的阻碍。

三、标准与专利融合的表现与影响

（一）标准与专利融合的表现

纵观标准与专利相互融合的历史进程，其经历了漫长的磨合与调整。以码多分址（CDMA）标准为例，探究一下标准与专利融合的过程。要谈及 CDMA 标准就不得不提到高通公司，高通公司成立于 1987 年，其总部位于美国加利福尼亚州圣地亚哥市，建立之初，高通公司的业务领域集中在无线通信行业的项目研究、服务和产品制造。从 1988 年开始，高通公司便逐渐开始新的探索，试图将 CDMA 技术应用于无线和数据产品。高通公司在针对 CDMA 技术开展研究时，不仅着力于技术开发本身，同时积极谋划全球策略，整体研究中涉及的全部技术均获得了专利权，数量达 1400 多项。同时，高通公司还向电子工业协会推荐 CDMA 技术，以期望该技术能够成为国家标准甚至是国际标准。最初的 CDMA 标准正是由高通公司于 1990 年 7 月公布的。该标准问世之后，引起了各方的关注，众多移动通信领域的商家对其展开了广泛的讨论，并于同年 9 月对外公布了该标准的修订版本，10 月又发布了一份暂行规定。这一标准和规定在当时产生了重要影响，在之后很长的历史时期内被各界遵守。至1993 年 7 月，美国国家标准学会（ANSI）电子工业协会（TIA）试图对 1990年的标准进一步完善，为此咨询了各界的意见，并在严密分析和论证后将其确立为正式标准，并命名为 IS95 标准，全称为“双模式宽带扩频蜂窝系统的移动台基站兼容标准”。该标准对各国的移动通信产业都产生了重要影响，很多国家在建设本国的数字移动通信系统时都参照了 IS95 标准。之后，北美电子工业协会曾对该标准进行了多次完善。至 1995 年，高通公司逐步对 CDMA 技术进行大范围的商业推广，以扩大影响和使用范围。到了 1998 年，其决定将上述提到的标准进行融合，同时在现有标准的基础上赋予其部分新的功能，并最终形成了标准 ANSI-95B。在多方努力之下，该标准后来演变成美国的国家标准。1999 年，以 IS95 标准为基础形成了 CDMA2000 标准，该标准的诞生与第三代移动通信的产生与发展密不可分，同时该标准还被提交到 ITU，寻求成为国际标准。同年，ITU 将 CDMA 技术作为 3G 无线系统的行业标准，并将日本、美国和中国的三项标准（分别为 WCDMA、CDMA2000 和 TD-SCDMA）作为国际标准的待选标准，而这些标准实际上都是以 CDMA 为核心的。在这一背景之下，无线运营商为了提高服务质量，逐步开始建设 3G 的 CDMA 网络，或者将原本的网络进行优化升级。由此我们可以看出，第三代移动通信的核心标准当属 IS95 标准，而高通公司拥有该标准中 1499 项专利技术。如此之大的专利拥有量，使高通公司在这场通信产业战中占据绝对优势，即便其不能掌控最终的技术标准，依然可以坐收渔翁之利。高通公司这种通过技术研发获得专利，之后通过专利标准化来获得丰厚的许可费的方式，为当今时代企业的生存与发展提供了一条不错的可选路径。

（二）标准与专利融合的影响

1. 对行业技术标准产生的积极引导

标准可以提升相关领域产品的技术质量，提高相关领域产品的兼容性。这种提升和提高，是通过标准制定组织并入具有市场前景的前沿技术优化技术标准来实现的。并入具有市场前景的前沿技术优化技术标准，最终可以使得整个相关行业的技术得到优化和整合。不可回避的是，行业领域的优质技术的专利化在当今时代是大势所趋，所以标准化组织在实现技术标准的优化时，没法回避吸收专利技术这一实践中的问题。只有吸收了专利技术，标准组织才能更好地推广其服务，普及标准组织指定的技术标准。而吸收了专利技术的技术标准，事实上成了被吸收的专利技术的推广平台。技术标准的平台效应，使得更大范围的需求用户被吸引和聚合，从而得以知晓该被吸收的专利技术，专利技术本身的技术利用价值在广度和深度上得以扩充。如此，也能在一定程度上避免专利资源的限制和浪费。

2. 对企业自身价值的利益扩张

标准化技术有利于专利技术企业。在专利技术企业从事生产的领域，标准化技术的推广使得企业的市场得到了潜在的拓展。而市场的拓展与企业经济效益的提升多数时候是正相关的。企业的技术研发离不开专利标准化。专利标准化为企业的技术研发提供新的契机，标准实施的过程中必然包括专利拥有企业寻找和融合其他互补技术专利的过程。在这种融合当中，技术资源和其他方面的桎梏被突破，而企业本身所有的专利技术也得以被进一步优化。

对于实施技术标准的企业而言，专利标准化能够使其获得相对优质的技术参照，从而免除了寻求最优技术的市场搜索成本以及与其他竞争者争夺许可资源的可能性，因为开放的技术标准本意是让每一个下游企业都有充分的机会去获得相关专利技术资源。

技术参照也是专利标准化给企业带来的一项"技术红利"。实施了技术标准的企业在实施专利标准化时，因为标准化带来的优质技术参照，使得搜寻最优技术的市场搜索成本以及争夺许可资源的资源损耗得到控制。技术标准本身带有开放的属性，上述成本控制是技术标准化的下游企业带来的红利。

3. 新局面的平衡

知识产权强调的是对智慧成果的尊重，对知识的敬畏，而这其中便必然包含对智慧成果创造人的肯定，对科学精神的崇尚。通过保护知识产权可以激发公众的创造精神，使得智慧的火花得以迸发、自由的思想得以飞驰。知识产权先天所具有的专有性决定了其自产生之日起便意味着合法的垄断。通过赋予知识产权所有人以合法垄断，使其获得垄断收益，进而激励社会创新，促进技术的革新。但知识产权的垄断性与反垄断法并不冲突，其属于反垄断法的例外情况，无论是各国政府还是国际社会都通过相关规定和政策对知识产权进行保护。但过分的垄断也会对社会整体利益造成危害，因此为了对知识产权进行必要的限制，各国法律又通过相关制度对知识产权加以约束。例如，合理使用和强制许可等制度，就是为了能够有效平衡知识产权权利人与社会公众之间存在的利益，缓解甚至消除双方的利益矛盾。从知识产权的诞生、发展，到今天的繁荣，其所具有的垄断功能已经成为其主要特征，公众对权利本身的重视远大于对特定产品或服务的重视。

知识产权对社会公共利益的侵袭已经越来越明显，将知识产权融入标准之中对社会创新究竟会产生什么影响，尚没有准确的定论。英国学者贝尔纳就曾认为"专利对发明的进展妨碍多而帮助少"，即专利不仅不能使最初的发明创造人获益，而且会阻碍技术发明的进一步发展。因为在通常情况下，实际发明人的专利将归企业所有，企业才是专利保护的最终获益者，而非个人。虽然贝尔纳的观点过于极端且受时代所限，但其对当前社会专利保护制度也具有启发意义。因为在当前市场主体构成模式下，虽然直接发明人也能够通过申请专利获得经济利益，但其所得的利益毕竟是有限的，法人主体依然是最主要的获利者，其通过知识产权保护制度可以获得较高的市场竞争力，进而取得巨大的垄断利益。换言之，知识产权制度正逐渐从对发明创造人的保护转变成了对资本所有人的保护。同时，部分企业考虑到技术的换代可能会导致现有设备的淘汰和资金的浪费，并为了尽可能杜绝其他竞争者争夺市场份额，会采取收购的策略，买入专利技术，但却对这部分专利技术束之高阁，从而极大地阻碍了科学技术的进一步发展。例如，美国电报电话公司曾经在1875年买入了大量专利以确保其对电话行业的绝对垄断地位，这一做法直接导致无线电通信技术的发展迟延了近20年。根据麻省理工学院之前发布的调查报告，正是由于知识产权保护措施和力度的不断加强和完善，自20世纪80年代以来，软件技术领域的创新速度明显减缓。信息技术行业若想真正获得发展，就务必要实现更大规模的信息共享，并在不断相互竞争过程中发展壮大。迈克尔·彭德尔顿也曾指出，与英美相比，中国香港规定的知识产权保护力度更强而且保护范围更广，因此创新意识本应更强，但现实却并非如此。究其原因正是由于保护力度过强，但却缺少对垄断和不正当竞争进行有效规制的法律法规和制度体系，从而使得保护力度大打折扣。由此我们可以看出，知识产权制度对经济技术的影响可谓利弊参半。但与此同时我们也不能否认，无论是日益频繁的国际贸易，还是经济技术的革新，都越来越离不开知识产权，其日益成为在国际经济与贸易中获胜的法宝。

由于知识产权本身具有垄断性，再加之不断扩大的知识产权保护力度，这就打破了原本建立的权利人与社会公众之间的利益平衡局面，利益的"天平"向着权利人一方倾斜。当专利与标准结合之后，这一倾斜则更为明显，因为技术标准往往是某一行业的技术规范，从而使得专利权人对专利技术的垄断得以扩展到整个行业。部分企业可以通过对专利技术标准进行控制，从而垄断相关市场。除此之外，TBT 协议和 SPS 协议均将相关国际标准视为合法的技术性措施，假如在拟定技术标准的过程中或者在对专利技术标准进行授权许可时发生了知识产权的滥用现象，此时国际标准将可能成为一种新的贸易壁垒。与传统的贸易壁垒相比，技术标准贸易壁垒是一种具备外在合法性特征但实际上更具破坏性的壁垒，对国际经济贸易的打击也更严重。

概言之，我们既应当看到专利技术标准对规范行业秩序、推动技术融合的积极作用，但也不能忽视其对贸易的破坏作用，而且相较于单一的专利或标准，专利与标准融合之后使得问题更为复杂化。这与专利和标准两者的天然属性不无关系。具有地域性和垄断性的专利与要求统一性的标准结合之后，一方面可以在市场上更好地推广和运用专利技术标准，另一方面则为市场创设屏障，将不符合技术标准要求的产品和服务排除出市场，从而为技术所有人创造丰厚的利润。将专利并入法定标准，其积极意义在于可以促进知识产权贸易的公平化，但也会导致标准使用成本的提高，带来负面影响。而将专利并入事实标准，则可以有效提高企业自身的竞争力，在市场中获得优势地位，但其负面影响则在于可能导致专利权的滥用和过分垄断。我们在探讨知识产权与国际技术标准问题时，首先应当对如何将专利并入技术标准，以及专利标准化后如何进行技术许可进行深入分析，只有对相关程序有所了解，才能够在推进我国相关专利技术向国际标准转化的过程中有的放矢，并尽可能规避国际贸易中潜藏的技术性壁垒，使民族品牌更好的进入国际市场；其次，我们还应当对专利标准化过程中可能存在的知识产权滥用行为进行梳理，从而在应对国际竞争时获得更多的主动权。

《标准化工作指南第 1 部分：标准化和相关活动的通用词汇》第 2.1.1 条规定："标准化是为了在一定范围内获得最佳秩序，对现实问题或潜在问题制定共同使用和重复使用的条款的活动。"那么，这里的标准就是根据特定的规则或程序制定的一项准则，主要用于调整社会活动的轨迹，其根本特征在于具有强制性且能够在各项活动中得到反复使用。随着社会经济发展以及技术更新的加快，事实标准形成机制出现了变化，除了偶然形成的单一实施标准之外，联合事实标准的出现将会成为主流。但是，与事实标准相比，社会活动更加需要有更多的法定标准。为了应对这一需求，国际标准化组织最近几年通过特定的程序规则将原本的联合事实标准予以转化，使其成为可在国际社会通行的法定标准。

20世纪开始，人们对标准化的目的进行了分析研究并作出归纳，认为标准化利用对产品或服务的规格制定统一要求，不仅能够消除某些贸易壁垒，有助于保护社会公共利益，而且便于解决人们统一的生活需求，保护消费者利益。另外，从标准化的本质来看，可以发现这项活动由人们自发行动，有利于缓解社会生活的复杂程度，便于实现将来人们生产生活活动的统一、简单，解决诸多不便。由此可见，对于一些重复性较强的技术活动，通过制定、认可并施行标准能够解决原来产品或服务规格不一致的问题带来的麻烦或弊端，不仅提高了社会生产效率，而且能够通过实现产品或服务的通用、兼容等手段，降低技术活动的成本，保障物尽其用。而且，专利技术的权利人为了能够将其技术并入某项技术标准，一般都会做出有利于社会公众利益的承诺，如降低技术许可费或提高技术各项功能属性等。因此，一般而言，标准都会具有服务社会公共利益的属性，法定标准尤是如此，都是为了实现技术规格的统一，保障资源最大化利用。

专利权是法定垄断权，是技术创造者的合法私权，权利人可以在违背法律规定的情况下随意处置自己享有专利权的专利技术，即权利人既有权决定是否许可他人使用其专利技术，而且有权对许可使用的条件进行自主规定。因此，包含专利内容的技术方案属于权利人的私有财产。如上所述，技术标准可被视为公共物品，关乎公共利益，又与其私权特征矛盾。而且，标准化组织希望能够借助技术标准实现公共利益，而专利权人则希望利用技术许可等方式获取个人利益，两者价值取向完全不同。出于这样的考虑，标准化组织在早期制定或认可标准时总是尽量避免采纳权利人的专利技术，往往更加倾向于现有技术。然而，实际情形却是标准与专利不断融合，技术标准并入专利技术渐成趋势。究其原因，这一情况的发生存在主、客观两方面因素。主观方面与专利权人的个人利益有关。一旦将专利技术并入技术标准，由于技术标准具有统一性、强制性等特征，相关产品进入相关市场必须达到由标准化组织制定认可的技术标准，生产者就会考虑选择含有专利技术的标准。如此，专利权人可以获得更多技术许可的机会，通过向被许可方收取技术许可费自然就实现个人经济利益的增长。客观方面与当前社会技术发展现状有关。一项技术标准的制定或被认可，应当优先考虑当前社会最先进的技术方案。然而，由于当前社会技术创造者或改进者具备较高的专利保护意识，一般习惯于将技术方案进行专利申请获得专利权。那么，标准化组织在采纳最新的技术成果作为技术标准时，不得不与代表技术最先进、最前沿的专利技术进行合作。因此，当今社会法治环境下，标准化组织已无法规避专利技术，仅制定技术标准。

凡事有利必有弊。标准与专利的结合既给当前社会产业发展以及技术进步带来创造有利条件，同时也会存在弊端，集中表现在：①技术标准水平会因为专利技术的采纳得以提高，但同时为制定或认可标准以及之后对标准进行修订增加诸多麻烦；②包含专利技术的标准是把"双刃剑"，虽可以提升相关领域的核心实力，但也会导致产业垄断；③将专利并入技术标准有助于创新成果转化，但同时技术标准的稳定性又会阻碍技术进步和更新迭代，抑制社会创新动力。以上所述是专利与标准本质差异所导致的价值冲突，体现两者之间利益追求的不同。为了有效解决专利权人和标准化组织之间的利益矛盾和冲突，平衡各方利益，各类标准化组织为此制定了诸多规定和政策。例如，我国在2013年发布了《国家标准涉及专利的管理规定（暂行）》（简称《管理规定》）及配套文件《标准制定的特殊程序第1部分：涉及专利的标准》。各类标准化组织制定的政策或规定有助于解决专利权人利用技术标准在相关市场实施滥用垄断地位的行为问题，但是这些政策或规定并不完善，对于标准的制定以及之后施行过程中发生的诸多不正当行为仍然难以起到完全规制的效果。

专利与标准相结合的最大好处，在于能够在市场竞争中扩大两者的影响力。因此，一旦专利与标准结合之后，不论是在标准的制定阶段还是施行阶段，市场正常竞争的格局往往容易被打破，排除、限制竞争的状况也会有所增加。被并入标准的专利技术权人为了能够长期占据技术标准的必要专利地位，往往会联合标准化组织的其他成员共同抵制新的专利技术，防止其被并入新的技术标准影响自己的利益。事实上，这样的联合抵制行为并非最主要的阻碍和影响市场竞争的方式，最值得关注的当属并入标准的专利权人在相关市场中实施滥用市场支配地位的行为，其主要有以下几种方式：①技术标准制定和标准化过程中，权利人拒不充分履行信息披露义务，或以牟取不当利益为目的进行虚假承诺；②相关权利人在标准实施过程中违背承诺，擅自从事技术许可；③专利权人为个人利益考量而不正当地寻求法律禁令予以救济。以上这些不正当竞争行为已经引起了国内外社会各界的广泛关注，有的国家的反垄断执法机构已经开始调查甚至做出行政处罚决定。我国相关政府部门为了应对上述情况，避免影响或损害我国正常的市场竞争秩序，于 2015 年发布了《关于禁止滥用知识产权排出、限制竞争行为的规定》，在第 13 条中对此做出明确规定。

第二章 标准必要专利的理论基础

第一节 标准必要专利的内容

一、标准必要专利的概念

标准必要专利，是指在技术标准实施过程当中，有些专利是不可或缺的，这样的专利被称作标准必要专利。欧洲电信标准协会制定的《程序规则》对于专利必要性做出了定义：专利必要性仅关涉技术层面，认定时会涉及行业通常的技术实践以及在标准化过程中通常可以实现的工艺状态，在制造、销售、出租或者处理、修理、使用或运用包含技术标准的设备或方法时，是无法通过不侵犯该技术专利而实现的。认定专利必要性并不关涉商业层面。美国电器工程师协会的《内部政策》在定义专利必要性时，则强调规范性条款中强制性或者选择性标准的"不侵权不可行性"，无论是在商业上还是在技术层面上，都不具有可以替代的标准执行方法。

综上所述，标准必要专利的基本判断标准是该特定技术标准的实施是否不可替代地需要该专利，而对于标准化专利的不可替代性的判断，则包括了两方面的内容：一是进行技术层面的判断，二是从商业层面进行判断。

二、标准必要专利的内涵

标准化专家桑德斯认为："标准化是为了所有有关方面的利益，特别是为了促进最佳的经济，并适当考虑产品的使用条件与安全条件，在所有有关方面的协作下，进行有秩序的特定活动来制定并实施各项规定的过程"。ISO 与

IEC 的标准化定义，以通过共同使用和重复使用来应对现实问题或者潜在问题为思路，认为标准化是为了在一定范围内实现最佳秩序的行为。标准化是一个动态的过程，与相对静态的技术标准概念是不同的。标准化离不开标准化参与主体的制定行为、修订技术标准行为与主体实施技术标准的活动。标准化参与主体希望有关产业的生产活动有序化，从而在一定范围内的最佳秩序也可以被实现。

技术标准吸纳专利的现象在知识经济时代是很普遍的。在新技术产业领域，类似于高通公司的"技术专利化——专利标准化——标准许可化"的竞争模式早已在各企业之间形成，专利标准化在这种模式下必定是实现企业战略的一个运作环节。企业为应对这种竞争模式，将其所拥有的专利主动并入技术标准，企业再通过技术标准的实施，利用在相应产业领域技术发展形成的在该技术标准下对专利技术的"锁定"效应，在标准化中通过专利的行使获得丰厚利润或竞争优势。

笔者提出的专利标准化概念即是借鉴参考了这一知识经济时代下的企业经营思路，不过笔者认为专利标准化的内涵应该更为广泛。专利标准化是专利技术在被并入技术标准的背景下，标准化活动主体在标准化中的活动。其中不仅仅包括前述专利权人将其专利技术主动并入技术标准制定、修订及标准实施过程中的活动，还包含标准、修订及管理中所涉及的标准组织活动，以及国家作为法律主体介入专利标准化。

三、标准必要专利的调整范围

许多标准化组织发布了知识产权政策文件，对标准中涉及的必要专利、必要版权、必要商标和商业秘密等做出了规定。

标准必要专利是否包括处于审查期间的专利是一个值得关注的问题。专利从申请到得到官方授予有一个比较漫长的时间过程，因此在标准制定的时候，标准的内容可能会用到一些正处于申请或者公示期间的专利。在 10 个代表性标准化组织中，9 个组织明确提出，披露的内容除了已经获得的专利，还包括正在申请的专利。唯一的例外是 ANSI，其将处于申请期间的专利是否披露留给各个标准化组织自行决定。

对于商业秘密，IETF、OASIS 和 W3C 明确专利的披露范围延伸至尚未公开的专利申请，但是需要保护的商业秘密，可以尽可能地不予披露。

对于超过权利保护期限、被撤销申请以及被法院宣布无效的专利，如何适用标准必要专利规则这一问题，仅仅在 IETF 的专利政策中有明确说明，其他 9 个代表性标准化组织都未对此做规定。根据 IETF 的规定，对于各种原因无效的专利，相关当事人不再具有披露义务。

ETSI 还规定了一种"两可"必要专利。标准必要专利一般是指实施某一标准所必须实施的，但是也可能出现实施某一标准时出现可选择实施的专利的情况，即标准中的某一目标有两种实现方法，这两种可选的方法分别包含了不同的必要专利，故而这个标准本身是可以成立的。在这种罕见情况下，标准必要专利可以包含"非必须"的权利要求。

四、标准必要专利的时效限制

专利的必要性是指实施某一标准所绕不开的专利，然而有些曾经绕不开的专利在社会环境发生变化之后丧失了时效性。尤其是在 ICT 领域，技术发展异常迅猛，这导致 ICT 标准中所嵌入的必要标准随着时间的推移，不一定可以继续保持"必要性"的地位。在 10 个代表性标准化组织中，IEEE、ETSI、OASIS、W3C 均对专利必要性的"时效"做出了规定：

IEEE——新标准被批准时。

ETSI——需要考虑到标准化时正常的技术实践和普遍可获得的现有技术。

OASIS——准予最终交付批准时。

W3C——在规范成为对外推荐时。

其他的 6 个机构并没有对必要性的时效点作出规定。这些机构，有一些是认为必要性的时效是显而易见的，故而无需特别规定；另外一些则认为必要性无需规定，或者尚未注意到标准必要性的时间动态问题。

另外，标准的制定过程也是比较漫长的，很多最初标准草案中的内容，在最终批准发布的标准中没有体现；同理，一些最初标准草案中没有做出规定的内容，在此后的讨论中又被添加到了正式标准文本中。故而标准起草过程中披露、做出许可承诺的专利，可能最终没有被并入标准；有一些最初没有被标准涉及的专利内容，权利人在起草过程中无法予以披露，但在最终通过的标准文本中却有所体现。在多数标准化组织的专利政策中存在类似规定：在标准起草过程中披露的专利如果最终没有被并入标准之中，则相关的许可承诺可以视为不成熟的承诺，也即不具有约束力。

五、标准必要专利的权利要求范围

并入标准必要专利的内容需要受到标准化组织的管理。对于一个专利，其权利保护范围往往不止一项，而是包括权利要求书所记载的各项内容。然而，当标准中的内容涉及一项专利保护内容时，其覆盖范围可能是部分，也可能是全部。因此，对于非标准涵盖的内容，原则上说无需遵循 FRAND 原则（公平、合理和无歧视原则）等要求。在 10 个代表性标准化组织中，有 9 个组织对标准必要专利的权利要求范围做了具体的解释。这些解释具体指出，同一专利中的非必要权利要求不属于标准必要专利，在许多其他政策中则规定标准必要专利只能特别适用于事实上至关重要的那些请求权。

ETSI 的政策是一个有特色的例外规定，其专利政策指出：标准必要专利所需要披露的内容可以包括该专利的全部或者部分内容，相关方披露和许可的义务范围也可以包括全部或者部分，上述两可问题留待当事人自行解释和决定。

第二节　标准必要专利的属性分析

一般来说，标准与专利是不同领域之内的基础概念，其在内容上相关性不强。在传统意义上，标准是应用于技艺上的学术概念，其是对技术成熟度、兼容性等问题的总结。而专利则是在法律层面上确立的技术概念，在当代环境下专利的概念较之标准而言相对狭窄。标准所意图实现的目标是为在一定领域内特定技术的统一化运用提供参考依据，而专利则是依靠法定程序获得相应的经济收益。因此，在当今专利大量转化为标准的大背景下，两者之间价值取向上的差异，导致了多个层面上的冲突。尽管如此，两者结合的必要性仍不容否认。

一、标准的属性特征分析

（一）标准的法律属性

标准在多数情况下是在行政机关的授意下形成的，其具有公共资源的相应属性。标准在当今环境下是通过构建产品生产者整体化调整的方式，来实现国家对于某项产品的实际控制，可以说，在其之上附加了相应的国家意志。因此，对某一产品的标准制定同样体现了对于公共利益的维护。

1. 标准法定

我国在 20 世纪 80 年代前后启动了对标准制定的法律规制，并在十年内形成了体系化的法律系统。纵观世界范围内，不仅我国在此类问题上做出了明确的立法，世界范围内大多数国家在此类问题上都表现出了国家意志的具体选择。众多西方发达国家，由于其在自身政治体制以及司法体制上具有极大的差异性，其对标准的立法同样呈现出不同的样态。但不可否认的是，各个国家均对标准在经济中的实际作用给予了应有的重视，并通过不同的方式将其上升为法律。

2. 标准在国家意志中的体现

我国《标准化法》明确规定，不同类型的标准在制定程序上存在较大差异，其在制定主体以及授权单位上的差别性揭示着其所携带意志的差异。日本的标准是由国内经济管理部门的下属工业标准调查会（JISC）来组织制定的，并交由上级主管单位审核批准。而欧洲国家中，则较多通过行业协会进行标准制定，并将其返回于行政主管部门进行批准。无论以何种方式制定标准，行政部门均或多或少地参与其中，其所携带的国家意志性不可否认。

3. 标准的统一依靠强制性的约束

从本质上分析，标准为"在一定的范围内获得最佳秩序，对活动和其结果规定共同的和重复使用的规则、指导原则或特性文件"。更有学者认为，"标准的实质是一种统一规定，是一种行为准则，具有一定的强制性。即凡是参与某标准中的行为主体就要受到标准的约束"。知名学者桑德斯在《标准化的目的与原理》一书中对此做出了分析，他认为"从标准的本质来看，是人们有意识使其统一的活动"。标准制定所意图实现的目标是在一定领域内的统一，并形成在此之上的强制性约束。

（二）标准的经济属性

标准所针对的具体内容是经过选择的，其所围绕的内容是社会经济发展中的重要问题。通过对各类组织所指定标准的内容展开分析可以发现，其中大量是针对具体的工业领域的，意图通过统一化的规定提高生产力的发展水平。如前所述，标准表现出极强的社会公益属性。

在此基础上做出延伸探究，标准在经济学理论中具有一定的理论基础，"是指两个当事人在缺乏任何贸易相关的情况下，由一个当事人向另一个当事人所提供的物品束"。标准所体现出的利益，并非个人利益的扩张，其更多体现出的是社会整体上的经济利益，即其体现的是最广泛领域内的共通利益。

二、专利的属性特征分析

（一）专利的法律属性

1. 专利的私权属性

专利为民事权利体系中重要的组成部分，在其权利的活动领域内时刻体现出民事法律中的基本理念。究其根本，因为其是一项民事权利，其所具有的私有属性不容忽视。无论是民法还是宪法，均体现了私有权利神圣不可侵犯。

智力成果的私权属性确认，源自于传统法学在此之上的延伸。罗马法中即出现了相应的无体物概念，后世的诸多学者均在此概念上做出了延伸。伴随着经济的发展，财产权外现出更为多元化的形态，其发展同样受到各个时期内政治体制的影响，尽管如此，其仍在理论以及实践上取得了长足的进步。

私权属性决定了其在权利产生以及权力运行上的民法属性贯穿，体现出明确的民事法律特质。民法的立法目的是保护民事主体的合法利益，其核心法益应以权利人为架构核心。在权力运行的过程中，权利人的地位无法取代。

2. 专利的垄断属性

知识产权形成的专有性权利保护体系，是基于其在客体内涵上的共性做出的总结。

洛克的劳动学说是基于特定的时代背景下而产生的，因此其财产权理论仅仅局限于对有体物的论述，对无形财产的论述是后世学者在研究过程中对劳动学说的发展。知识产权由于其客体的独特性，使之在形态上让人难以把握，但知识产权在产生过程之中需要凝结人类的具体劳动。人可以自由地选择所进行的劳动生活，这是人身自由的表现。同样的，对公有物进行加工，可以获得公有物的所有权。因此，人的精神想法外在展现出一定的无形物，诸如作品等，理所当然地获得了该无形物的所有权。这种思想贯穿于整个知识产权的立法进程之中，对人身自由的尊重贯彻到对人经过劳动创造的财富上的尊重，保护了无形财产创造者的基本利益。

洛克的思想对于整体知识产权制度的构建具有重要的价值。知识产权的价值核心在于人对于自身劳动的成果享有应有的权利。换个角度看，知识产权的创造者作为整个知识产权链条的发起点，对于整个知识产权的运作十分重要。正因如此，知识产权的发起者理应作为整个制度的保护核心。通过制度保障创造者的利益可以激发创造者积极性，利用市场经济杠杆来撬动整个社会知识经济发展，这是一种十分良性的运转。这种直观上的效果来源于人脑是产生思想活动的源泉，人对根据自己思想所创出的产物享有所有权，这种逻辑易于被大多数人所接受。

　　专利权上所表达出的技术内容，同样是人类智力成果的具体体现。专利权的变革同样经历了较为长期的过程，其所呈现出的核心利益同样表现出不同的样态。现代意义上的专利权直到 17 世纪才得以确立，并明确为一项民事层面上的权利内容。具体到专利权所呈现出的在技术上的垄断，法国学者曾在研究中表明，其并非传统意义上的垄断性权利，而是具有垄断性的权利属性。"专利权是垄断的表达"，在美国的司法实务中被多次提及，上升为其固有权利属性。

　　通过对近年的发展状况的观察可以发现，专利权的垄断性乃至整体知识产权的垄断性均呈现持续膨胀的态势。意图扩张知识产权外延的学者和试图对知识产权进行限制的学者之间的矛盾的根源是复杂的，究其根本原因是不同的社会地位造成了利益取向的不同。美国学者詹姆士·波义尔构建了一种基于知识产权视角的政治经济学。波义尔对现今知识产权抱有这样的观点："从我们的言谈举止之中表现出对于知识产权过度保护的态势。" 在他的观点中，围绕着"激励理论"所构建的知识产权体系，是导致信息不平等的"原罪"。他认为，处在信息时代，不同的利益集团之间基于自身的考虑，将其之间的政治斗争蔓延到知识产权领域是十分常见的。因此，需要一种知识产权的政治经济学来对知识产权进行规范调整。知识产权是建立在财产权的基础之上的，辅佐以系统化的法律制度形成了现行的知识产权生态体系。从微观经济学的视角出发，结合知识产权的财产化属性，必然会产生一种类似于当代生态环境被破坏的恶果，知识产权的生态环境也会陷入类似于全球环境恶化一样的不良境地。环境的失衡需要借助外力来进行调整恢复，因此，通过经济学手段对知识产权生态圈进行调整是十分具有必要性的，其具体手段可以是多种多样的。

　　尽管，波义尔对知识产权的扩张是十分审慎的，但是他提出的知识产权政治经济学理念是十分值得借鉴的。他将知识产权与生态系统进行了类比，通过一种生态化的方式解决知识产权的矛盾。但这种类似于可持续发展的观点，仍然存在其自身的不足。例如，他并没有将自己的理论思想落实到具体的制度层面之上，造成了理论难以与现实进行接洽的尴尬状况。

　　从经济学视角出发，提供系统化的规则对于推动整体社会良性发展的进程具有重要的推动作用，可以极大地避免经济学中"搭便车"行为的出现。"搭便车"行为是采用投机的方式，从公共利益之中攫取个人利益的一种方式。这种行为会对社会健康秩序的建立形成极大的阻力，甚至对已存在的秩序产生破坏。无论是从经典的法学理论出发还是从法经济学视角出发，将权利进行明确化对于维护安全以及人格的自由都大有裨益。市场，作为知识产权价值的试金石，在知识产权发展中的作用无需多言。同样，"激励理论"的理论基础是构建在市场对于知识产权权利人的认可之上，并从自己所拥有的知识产权中取得回报；在创造和回报之间形成回路，完成"激励理论"所构建的激励流程。进一步而言，知识产权完成完整的激励流程是一种良性发展，知识产权所蕴含的知识成果通过市场在经济、文化等多个领域完成知识传播或技术的运用。

综上，尽管专利权具有其所固有的排他属性，但其在运用过程中仍应当对权力的运行进行进一步的思考，避免其权力运行对社会公益的破坏。

（二）专利的经济属性

联合国经济和社会事务部、贸发会议秘书处和世界知识产权组织国际局的联合报告《专利制度的作用——专利制度在向发展中国家转让技术中的作用》中提到：专利法制定的部分原因固然来自发明是天赋权利，但是，无论是对于发展中国家还是工业化国家，专利法的主要宗旨还是鼓励发明进而促进经济发展。专利在这一层面上的主要作用有如下两个方面的体现：一方面，专有的地位被限定在一个有限的时间段内，从而使得研究与发展以及对生产的投资取得利润成为可能；另一方面，专有地位的时间限制从立法上鼓励专利所有人向公众充分公开新技术。

各国的专利立法中有关于"激励论"的具体体现。学界认为，美国《宪法》第一条第 8 款中"为促进科学和工艺的进步，保障作家和发明家对各自著作和发明在限定期限内的专有权利"的规定是美国《专利法》的上位法。美国首任总统华盛顿在面对国会发表就职演说时谈到《专利法》，他说："农业、商业和制造业需要采用各种适当方法促进其发展，大力鼓励从国外引进新而有用的发明，与大力鼓励发挥才智以便在国内生产这些发明品，同样都是有利的。"同样，在日本《专利法》中"激励"宗旨亦有鲜明的体现。日本《专利法》的相关条文体现了其旨在通过保护发明，利用发明，从而奖励发明，实现产业的发展。我国《专利法》第一条同样规定："为了保护发明创造专利权，鼓励发明创造，有利于发明创造的推广应用，促进科学技术进步和创新，适应社会主义现代化建设的需要，特制定本法。"

"激励论"是立法实用主义的体现，它不仅解释了为什么要实施专利制度，还揭示了如何通过"激励"来实现经济、技术的进步。综上所述，"激励论"的内部逻辑可以分为密切相连的两步：第一步，发明创造的产生被鼓励；第二步，发明创造的实施被鼓励。依次传递的经济链条是形容发明创造的产生、发明创造的实施与经济、技术的进步之间关系的最好表述 。发明创造的实施居于中间，前接"源头"发明创造产生，后接"成果"经济、技术进步。

因此，发明创造是决定《专利法》的宗旨能否实现的关键环节，专利的经济属性是不可或缺的。

三、标准必要专利的属性特征

（一）技术层面上的不可替代性

专利技术包含的技术特征与技术标准的技术要求是进行技术层面比较的两个要素，如果无法绕开专利的技术特征去实施技术标准，无法绕开专利的技术特征而达到技术标准的技术要求，该标准化专利才可被认为在技术层面不可替代，满足成为标准必要专利一个方面的要求。

（二）潜在替代方案不具竞争力

市场上很可能存在达到技术标准的技术要求的其他方案，这类其他方案被称为可替代技术方案。但不是所有存在的可替代技术方案都能同时满足必要性的商业层面的考量，前述存在的可替代技术方案，往往具有因高成本而导致的可行性问题。如果现存的可替代技术方案都有可行性因素的阻碍，那么该标准化专利应被视为满足了必要性商业层面的考量。

必要专利对标准执行具有不可替代性，技术标准顺利完整的实施有赖于专利权人对必要专利的许可。原则上，在开放式的技术标准下，任何下游生产者应当有权寻求相关技术领域获得必要专利许可。然而，不可否认的是，必要专利的私权属性与其作为开放式的技术标准之间是冲突的，如若下游生产者希望获得必要专利的使用权，与专利权人的许可谈判就不可避免，下游生产者将付出的许可对价，通常与其谈判能力和实践经验有直接关系。而某些必要专利权人基于私人利益拒绝实施专利许可或者提出不正当许可条件实施的情形亦时有发生。如若出现此情形，下游生产者将欠缺必要专利的使用权，而基于此必要专利许可才可以实施的技术标准更无从谈起。综上所述，标准必要专利构成的专利的私权属性和技术标准的开放属性之间的价值冲突无法被回避，外在规则需要对这种冲突状态进行规制。

（三）矛盾属性的有效结合

结合后的标准与专利，是私权属性的专利与公共属性的标准二者之间的吸收与被吸收。混淆的公私界限必然导致冲突。公法与私法内部逻辑有本质差异，而这种差异是导致冲突的一个重要原因。权利优位是对于私法内部逻辑的表述，对权利人权益的保护和确认是私法的第一要义。公共属性作为标准这一法律概念的内部逻辑表述，体现的是权力优位，标准以保护公共利益为第一要义。综上所述，实质上标准中的专利问题是如何调和公共属性与私权属性的冲突问题。

第三节　标准必要专利的形成机制

当专利和技术标准结合后，专利的垄断性将大大加强，专利权人也因此获得更强的市场掌控能力以及更多的利润回馈。因此，将自己的专利与技术标准，尤其是与国际技术标准结合就成为一个企业、一个产业甚至一个国家知识产权战略的核心目标。对于企业而言，将其自身的专利标准化具有重要价值与意义。

但是，技术标准中并入的专利越多，就意味着使用该标准生产的产品成本越高，消费者购买和使用该产品所需支付的费用也随之增高。因此，如何在专利标准化过程中判断某项专利是否"必要"，即对该专利是否为"必要专利"的判断因素的把握，将直接影响企业专利标准化的核心。

除了对核心要件的把握，专利并入标准化有其自身的特点及程序上的基本要求，本章节将对上述问题进行归纳及分析，对标准必要专利的形成机制管理做一个较为详细的探讨。

一、专利并入技术标准的内涵与影响

目前，将专利技术融入标准主要分为两种方式：一是根据标准化组织既定章程或政策规定的程序，专利权人依法履行各项并入义务，如专利信息披露义务和做出 FRAND 承诺等，如此便可实现专利技术标准化；二是标准化组织对专利技术标准化做出各项规定，然而专利权人并未积极或完全未履行规定之义务，如没有履行专利信息披露义务或并未做出 FRAND 承诺等，但结果却也实现了专利技术的标准化。从性质而言，前者属于正常并入，后者属于非正常并入。本书对专利标准化原因的分析研究主要是基于正常并入程序。

（一）专利并入技术标准的过程

从大量的消费实践来分析，为了更好地保障产品或服务的质量，保障产品的安全性，制定具体的标准是必要而有意义的。从企业角度来分析，为了更好地降低成本，以标准作为工具进行专业化生产，才是其最终的发展方向。

专利标准化，具体是指在某项技术标准制定过程中，专利权人主动或应标准化组织要求向标准化组织提出方案，该技术方案在已经申请专利的同时被纳入标准之中的现象。根据我国《国家标准——标准制定的特殊程序第1部分：涉及专利的标准》的相关内容可以看出，其对专利的国家标准制定程序进行了具体的规定，整个程序相对来说比较复杂，总共可以分为八个最主要的阶段，即预研、立项、起草、征求意见、审查、批准、出版、复审。此外，在主管单位方面，我国除了相关行政部门负责外，还专门成立了标准化技术委员会。无论是个人还是单位，均可向相关行政部门或者是上述委员会提出项目提案，然后进行评估，如果最终被采纳，则委员会会制作出项目建议书，由标准化行政主管部门提出是否立项建议。如果建议被最终批准，则可以下达标准制、修订计划。

从我国现行规定来看，大部分都是由行政机关主导制定过程。但是也有很多国家的标准组织都是由市场自发成立的，并不是由政府部门主导的，例如，由市场主导专利权人组成、参与标准化组织，并且形成以技术联盟为主的关系，再由这些组织自主决定标准草案等。除此之外，这些组织还有权撤销已有的标准。

（二）专利及技术标准的性质分析

何谓专利？专利的本质是一项新的或是改进的技术方案。如果根据技术方案所适用的产品或方法领域来进行区分，又可具体分为产品专利和方法专利。另外，针对技术方案到底是什么的问题，我国《专利审查指南（2014）》在第二章的6.3条做出专门解释："专利法第二条第三款所述的技术方案是指对要解决的技术问题所采取的利用了自然规律的技术手段的集合，技术手段通常是由技术特征来体现的。"

技术标准从性质分析，主要分为两类：自愿性技术标准和强制性技术标准。根据《技术性贸易壁垒协定》（TBT协定）的规定，标准是经公认机构批准的、规定非强制执行的、供通用或重复使用的产品或相关工艺和生产方法的规则、指南或特性的文件。由此可以看出，技术标准主要是针对产品、工艺和生产方法提出了具体的要求，规定了它们应当具备的技术规格。从本质上分析，技术方案中实际上包含了技术标准。但是与专利要求的技术方案有所不同，技术标准尽管也属于技术方案，但其对技术方案的要求要低得多，并不要求一定属于新的技术方案。

由此可见，尽管专利和技术标准在诸多方面存在差异，但其都可归类技术方案。

(三) 不同技术标准对专利推广的作用与影响

在实践中，享有专利权的技术方案很多，但并不意味着任何取得专利权的技术方案都会得到实施。然而，技术标准是能够有效推动专利技术在市场上得以充分实施的重要方式和手段，这与各种技术标准的推动效果存在很大关系。

1. 专利并入国际技术标准

如果将专利技术并入国际标准，由于国际技术标准对进入市场的产品、工艺等方面存在统一规定，那么国际标准的适用则有助于专利技术在市场上推广和实施。以 TBT 协定为例做具体分析，协定明确要求所有 WTO 成员必须在如下两方面遵守并实施国际标准：第一，WTO 所有成员国在制定技术法规时，如果牵涉到 TBT 协定既定或即将确定的国际标准，所有成员国必须将国际标准用作将制定的技术法规的重要组成部分；第二，标准化组织在制定某些行业或领域的技术标准时，如果 TBT 协定当时就此已经制定或即将制定国际标准，那么同样，标准化组织必须将此国际标准作为其即将制定的标准的重要组成部分。

也就是说，结合专利权的合法垄断属性分析，在国际技术标准中并入专利技术，所有组织和个人在适用国际技术标准时都应当向专利权人请求技术的授权许可使用权并支付相应的技术许可费。

2. 专利并入强制性技术标准

强制性技术标准，顾名思义，意味着这项技术标准在相关市场必须得到遵守，否则产品将难以进入市场进行销售。那么，由于该项标准在市场上的强制适用属性，相关市场主体必然会实施该标准。但是因为强制性技术标准中并入了专利技术，这就导致在对强制性标准适用的同时也会实施其中的专利技术。由此可见，将专利并入强制性技术标准将会有利于专利的市场实施。

3. 专利并入自愿性技术标准

自愿性标准在市场上推广适用的程度不如强制性标准，但是由于当前市场中产品种类繁多，如果任由大家自由决定产品的相关参数，会对消费者选择产品造成不便，因为前述自由决定会引起市场上产品的不兼容。但是，针对这些产品或技术的相关参数并未达到必须统一的程度，因此标准化组织并未对此制定强制性标准。然而，当市场竞争主体多数选择遵守自愿性标准，实现产品或技术上的兼容时，有利于产品在市场上受欢迎程度的提升，进而能够增强企业的市场竞争力。如此一来，将会有更多的经营者在市场竞争中适用自愿性标准。如果在自愿性技术标准中并入专利，那么自愿性技术标准的适用将会推动专利的实施。

（四）标准组织对专利标准化的倾向性

标准化组织对于专利与技术标准结合这一问题，很早之前就已经展开研究。其中较为知名的事件是 GSM 中的专利标准化问题。在这个事件中，针对 GSM 网络拥有的专利技术，很多企业为了进行专利标准化，有些技术发明者愿意放弃对其中技术方案的专利申请，也有些专利权人相互之间签订了彼此互惠的许可协议。截至 1998 年，14 家企业共同起草了一份针对 GSM 网络专利标准化的谅解备忘录，倡议所有网络设备生产商放弃其对 GSM 网络领域所享有的专利技术，但这份倡议书遭到了大部分没有签署谅解备忘录的网络设备生产商的反对。后来，为平衡多方利益分配，倡议书进行了较大程度的修改。其中，最主要的修改内容是对专利要求基于"公平、合理和无歧视"（FRAND）原则进行授权许可。因此，在进行标准制定的过程中，标准组织都会要求专利权人对专利的具体信息进行披露，便于标准化组织所有成员充分考量是否同意在技术标准中并入该项专利技术。如果标准化组织制定标准时确实需要该项专利或组织成员充分考虑后愿意在标准中接受该项专利技术，那么标准组织往往会要求专利权人再次做出一份有关将来技术许可使用条件的声明，即根据 FRAND 原则授权许可全球标准采用者使用该项专利技术。如果专利权人不愿意做出这项声明，标准化组织将会排除其专利技术被并入技术标准。由此可见，标准化组织在制定有关专利的标准时，程序和规则等往往较为严谨和复杂，可以看出其对专利标准化问题采取的态度是较为审慎的。

二、标准必要专利的构成要素

实际上，并非任何专利都可以并入标准之中，一般而言，只有技术标准适用过程中的必要专利技术才可能与标准结合。因此，若提及技术标准中的专利技术则一般指的是这些必要专利的集合。对于这些必要专利的集合，人们习惯称其为"必要专利池"。

（一）专利池

一般来说，如果一个产品极为简单，那么其涉及的技术也就较少。这种情况下，市场上单独一家企业完全享有该产品制造的所有技术方案的专利权是可能的。但是，随着产品的更新迭代和市场需求规模的不断扩大，如今已经很难找到只含有一项或很少专利技术的产品，市场上涌现的大多数产品都是利用多家企业所享有的专利技术制造生产的。也就是说，由于现有产品的高技术水平，通常一个产品会涉及多项专利技术。基于此，为了生产这一产品，专利权之间一般都会进行专利技术的交叉许可，以此消除产品生产上的技术障碍。这种相互之间的交叉许可耗时耗力，只能适用于小范围专利权人之间的技术许可，对于涉及较多专利技术的产品制造领域却难以发挥有效作用。为了有效解决多方技术许可之间的藩篱，人们基于双方许可的基础提出了一个富有想象力的但却极其有效的解决办法：专利池制度，也即所有专利权人将自己参与交叉许可的专利技术置于专利池之中。利用这项制度，参与专利池的专利权人在将来的产品制造过程中需要使用某项专利技术时，如果该项专利技术恰好置于专利池中，那么参与专利池的技术需求者无须再次单独向该项专利技术的权利人单独协商技术许可等事宜，便可以直接应用该项专利技术，甚至有无需缴纳技术许可费的可能。由此可见，专利池是技术发展的必然产物，其本质上是许多专利技术的集合，其目的在于提高技术交叉许可的效率。

1. 专利池构建的理论渊源

垄断经济学中有一个重要理论，即如果市场上存在两种相互依赖的垄断，一种垄断想要在市场上使其产品发挥最大的作用并获取最大的经济利润、都必然需要借助另一种垄断，反之，则不能实现这一目的，甚至无法决定市场上相关产品的定价。这就是"锌铜双占"理论。举例来说，黄铜制造所需原材料主要是红铜和锌，如果现在市场上出现两家垄断企业，分别完全垄断了红铜和锌的市场供应途径，那么市场上制造黄铜的厂家就无法预测自己究竟能够生产多少黄铜产品，原因在于其无法预测两家分别掌控红铜和锌原料的垄断企业究竟会向其供应多少原材料。与此同时，尽管两家垄断企业分别掌控红铜和锌的市场供应途径，但是它们也没有能力预测市场上究竟会出现多少黄铜，因为任何一方都不能干涉另一方向黄铜生产企业提供的红铜或锌的数量。很显然，生产黄铜的厂家最是被动，任何一家垄断企业的行为都可能导致其黄铜制造活动的停止。但是，分别掌控红铜或锌供应的两家垄断企业也无法实现市场利润的最大化，除非两家企业能够就黄铜制造所需原材料的供应量达成一致。这是因为，只有当原材料供应足量时，黄铜的生产厂家才能开始相应的制造活动，一旦一方垄断企业停止供应黄铜制造的某一原材料，另一方即使愿意供应另一种原材料也不会有生产厂家愿意购买。通过对以上例证的分析，可以发现以下两个问题：第一，上游两家原材料的任何一家垄断商对下游生产厂家的制造活动有控制能力；第二，尽管上游两家垄断商分别垄断生产制造活动所需的其中一种原材料，但是它们想要获得利润的最大化，仍然需要建立在彼此达成意思一致的条件下。

将此例证类比至如今的技术产品领域，我们可以发现上述黄铜的生产厂家与如今技术产品的生产商相同，而能够操控黄铜生产所需的原材料的两家垄断企业就是如今拥有技术产品生产制造所需专利技术的多个专利权人。如果生产商想要生产制造这些技术产品，其前提就是能够获得生产这些技术产品的"原材料"——专利技术。同时，专利权人如果想要实现最终利润的最大化，彼此之间必须达成默契，共同向生产商供应所需"原材料"。如此一来，现代意义上的专利池也就出现了，实现了技术交叉许可便捷性。

2. 专利池的发展进程

专利池最早诞生于美国，为美国的工业发展发挥了不可磨灭的贡献。1856年，历史上第一个专利池出现在美国，该专利池是关于缝纫机的几项专利技术的集合。1917年，当时几乎所有的航空器生产商都被吸纳加入了该年成立的美国航空器专利池。1924年，美国收音机公司兼并多家同类企业，制定了有关于收音机业务的两大标准——收音机零部件标准、频率波段和电视广播标准。1997年，由哥伦比亚大学、通用仪器公司等公司牵头，多家公司和法律实体共同发起成立了一个有关 MPEG-2 压缩技术标准的专利池。1998~1999年，相继有 9 家全球知名企业在美国建立了一个有关 DVD-Video 和 DVD-ROM 标准的专利池。1999年，以苹果公司为首的 7 家企业在美国成立了有关 IEEE 1394 工业标准的专利池。截至目前，该专利池的规模不断扩大，共计 9 家许可人、56 家被许可人。美国在过去的 150 年左右的时间里，建立了大量的专利池，并且大多数发展得很成功。正是这些专利池的存在，使得美国经济在过去近百年的时间里拥有持续不断的动力得以发展，例如，其在 DVD-Video 和 DVD-ROM 方面的专利池推动了美国音像制作行业的巨大进步。

值得注意的是，美国最开始出现的专利池是私法的调整对象，属于私法管辖范畴。但是，这一现象在 1912 年发生的 Standard Sanitary Manufacturing Co. v. United States 案中出现了变化。法院认为，专利权人利用专利池排除没有参加专利池的技术需求者对专利技术的使用的行为违反了《反垄断法》规定。因此，建立专利池的行为被认定违反《反垄断法》，法院判决强制解除与案件相关的专利池。后来，在 1945 年，美国最高法院强制解除了一个有关玻璃生产专利技术的专利池，其理由是这些玻璃生产商建立相关专利池后设置了极为高昂的技术许可费，属于利用结池手段实施垄断行为。据可查数据记载，美国司法部在 1960 年之前对几乎所有的美国专利池进行了审核和评估，做出了 9 份有关于专利池违反《反垄断法》相关规定的认定报告。自 1977 年起，美国司法部和美国联邦贸易委员会相继启动对私人在商业上的有关行为进行审核的程序。到 1995 年，美国司法部和美国联邦贸易委员会结合过去近 20 年对私人在商业上有关行为审核的经验，共同起草了美国《知识产权许可中的反垄断指南》。这份指南主要阐述了两部门在审核有关知识产权许可的程序中所适用的反垄断执法政策。

现在，美国针对专利池制定的法律法规是在过去相关法规的基础上进行的重大调整。过去，美国专利池中存在相互妨碍的专利，而且这一现象是相当常见的。但是，自从 1990 年美国司法部出台规定，要求专利池只能用于实现工业标准后，原来专利技术相互妨碍的混乱现象得到遏制，专利池中所涉及的专利技术基本都是用来实现某个工业生产标准的必要专利技术的。以美国 MPEG-2 专利池为例，它在 1997 年获得美国司法部批准建立，其制定了一种用于视频的技术标准。这一技术标准解决了数字视频数据流如何在数字有线、卫星电视系统和 DVD 播放器实现播放的问题。市场上如果有企业想要生产一种装置用于解码数字视频数据流的话，其必需使用 MPEG-2 标准。通过对美国司法部专利池审核程序及要求的分析，现在美国专利池只有在满足以下几项条件后才能通过审核：①专利池中的专利技术是否仅仅主要是关于一种技术标准；②专家会对实施技术标准所需的专利技术进行评估，判断哪些专利技术属于实施技术标准必须具备的条件，以此为依据最终确定能够进入专利池的专利技术；③技术标准实施所需必要专利的权利人必须作出一份声明，允诺将来会根据合理、非歧视原则授予技术需求方技术许可使用权；④必要专利的权利人应当将专利池的管理工作委托由专门人员管理，包括但不限于实施许可、收取许可费等活动；⑤必要专利的权利人仍然有权向专利池以外的技术许可方实施技术许可行为，而不应受到专利池的限制；⑥专利池内部成员享有的必要专利技术许可使用权不具备排他性；⑦专利池中对技术回授条款的规定仅限于被许可方享有的必要专利技术，这种回授同样不具备排他性而且应当是公平、合理的。

3. 围绕专利池的标准制定模式

社会化大生产的进步有赖于技术标准的实施和设立。但是，一般而言，一个技术标准又是对一个群体产品规格的要求，并非只涉及一项专利技术，往往包含了许多的专利技术。那么，围绕技术相关的必要专利建立专利池是其应有之义。美国无线电联合会建立的专利池便是这类专利池早期形成机制的一个展示。当年，美国无线电联合会通过对市场上多家企业进行考察，综合各方利益，最终建立了一个有关无线电传输过程中多项技术标准的专利池。

如今，我们对专利池进行分析可以发现，它与技术标准的关系早已十分密切。而且，专利池的出现对一些需要建立技术标准的行业或领域的发展而言，具有很高的正面价值。以下几个方面是对于这种正面价值的体现：第一，围绕技术标准建立的专利池有利于降低获取技术许可的成本。针对某项技术标准，专利池所涉及的大量必要专利能够一次性解决产品制造商在技术许可市场的技术需求。以 MPEG-2 专利池为例，14 家公司作为专利许可人参加这项专利池，向专利池放置必要专利总数达 75 项之多。技术需求方通过参加专利池成为专利池内的技术被许可方，其在 MPEG-2 领域所需的大部分甚至全部技术都能被满足。第二，降低专利权人启动专利战的可能，帮助专利权人节省大笔诉讼费用。围绕技术标准相关的必要专利建立专利池，能够将多方专利权人并入一个和平共处的平台，有利于双方基于专利池制度和平解决相互之间的专利纠纷。第三，围绕技术标准相关的必要专利建立的专利池能够有效解决市场上出现的产品不兼容等问题，有利于在现有产品的基础上发展出新的产品，丰富社会产品多样性。由于这类专利池对于产业、经济和社会发展存在极大的推动作用，现在社会利用专利池制定或修订技术标准的现象呈现出逐步增多的趋势，几乎成为某些行业或领域得以进一步发展的基石。这一点，在美国表现得最为显著。美国已经开始根据这一基本模式在多个领域启动创建技术标准的工作，有望在不久的将来给人类社会带来诸多积极影响。

（二）标准必要专利的基本要件

以大型专利池为代表的现代专利池与相关的技术标准紧密联系。以下特征通常定义了符合现代技术标准的专利池：第一，专利池所依据的标准明确且清晰；第二，专利池里专利的确定由明确程序或专家决定，专利持有人也因为专利的确定而明晰；第三，专利持有人必须出具一份合理、明确且符合非歧视原则的技术许可；第四，专利池必须具备专门的管理机构，且其成立必须符合法定程序等；第五，专利持有人对于专利池之外的自身专利许可权并不随着专利池的建立而转移，其权利归属仍然属于专利持有人。总而言之，上述五项特征的基本原则是：只有必要专利（Essential Patent），才能并入到专利池。那么，必要专利需要具备哪些成立条件呢？

目前国际标准化机构的实践及相关行业的实践一般认为必要专利的认定需要满足有效性、必要性、时效性和互补性四个基本要件。

1. 有效性

首先，必要专利的前提就是有效性，只有有效专利才可能被认为构成必要专利。如果一项专利是无效的，那么其使用许可就可能涉嫌知识产权欺诈，更不可能被认定为必要专利。

2. 必要性

该基本要件主要包括两方面的内容：第一，产品或使用方法与专利技术之间有必要且直接的联系；第二，该专利在生产过程中具有使用的必要性，即该专利技术在生产过程中不能被替代。

3. 时效性

专利池里的必要专利具有时效性，其并不是一劳永逸、一成不变的。一旦新技术、新专利出现并且能够代替之前的专利时，专利池里的必要专利资格就应消失。

4. 互补性

该要件是防止专利池导致专利垄断的关键。具体来说，一共有两种必要专利的互补性表现：一种是相互专利之间虽然保护范围有所重叠，但一专利是另一专利的改进，实施改进专利就必然伴随着原始专利的实施。因为原始专利和改进专利存在着符合该要件的互补关系，原始专利和改进专利可共同进入专利池。另一种是相互专利之间的保护范围并不重叠，但若想实施标准就必须实施这两种专利，即在具有必需性这种情况下，相互专利之间也可同时进入专利池。

为了避免专利池形成垄断，专利池在接受专利时必须内敛且谨慎，应符合专利池"最小"原则。具体来说包括两方面内容：第一，如果两项相互独立的专利达到了可以实现必要标准的程度，那么这两项独立专利事实上无法进入专利池，否则很有可能形成垄断。再进一步说，如果一个以上的技术可以实现必要标准的要求，不论这一技术是专利技术还是公开技术，那么都无法形成专利池。第二，如果有两种产品并不需要专利池的全部专利，而都只需要专利池的一部分专利，那么专利池不能合并授予，而是应视具体情况分别具体授予。也就是说专利池的专利授予不能"一箩筐"地合并，而是应分解授予，否则就涉嫌"搭售"行为，有可能涉嫌不正当竞争。

以上关于必要专利的论述，可以作为判断专利池授权合法性的依据。现实中，很多专利池（如 DVD 专利池）并不满足这些要求，因而其合法性是存疑的。

三、专利并入技术标准后的特点

（一）专利并入技术标准的唯一性

根据欧洲电信标准协会（European Telecommunications Standards Institute, ETSI）知识产权政策指南第 15.6 条的规定，必要专利所强调的必要性是指综合分析一般情况下的技术实践活动并结合技术在成为标准时一般的可被使用的状态，假如使用人按照该标准进行加工、制造、销售等活动时必定会使用该专利，侵犯其专利权，此时该专利便是必要的。换言之，必要知识产权就是指那些一旦成为标准之后，在遵循该标准进行活动时将不可避免地被利用的知识产权。而为了避免侵权行为的发生，标准使用人便必须取得权利人的授权许可，进而合法地使用其知识产权。必要专利之所以"必要"，主要体现在两个方面：一方面，该专利在该领域不可或缺，缺少可替代的其他技术；另一方面，该专利不是孤立的，它与适用该标准的产品或者方法存在直接而密切的关联。一项技术若想被并入标准，就必须成为该领域或行业的必要专利。从专利的种类角度看，无论何种类型的专利均可以成为标准，无论是发明、实用新型或者外观设计。正如 ETSI 的知识产权政策指南第 1.3 条术语的规定，在 ETSI 知识产权政策中，一项知识产权包括版权、专利权、实用新型、登记的设计以及上述权利的申请。

（二）专利并入技术标准的类型及区别

发明专利可细分为产品专利和方法专利，之所以将二者区分开来，是由于二者存在众多差别。

1. 方法专利就是有关方法的技术方案

专利法上的方法与一般语境下的方法有所不同，其可以指代为完成某一工作所需的整体步骤，也可以仅仅指代某一特定的步骤。通常情况下，方法与产品之间的一项重要差异在于：与产品相比，方法是完成某一工作的技术方案，具有时间性，即这一技术方案中的若干行为和步骤需要按照时间安排串联才能得以实施，具有时间上的延续性。而产品则不具备此种时间上的延续性，其往往是生产和工作的最终成果，具有相对静止的特点。这种区分可以凸显方法专利中"方法"的特点和本质。

2. 方法的可专利性与产品的可专利性具有对立性

经营者通过实施某一制造方法可以生产出某一产品，而这一产品可以通过申请的方式获得专利权，成为专利产品；但若该产品不符合专利法的保护条件，无法申请获得专利权，则无法成为专利产品。与之相对应的还有一种情况，即产品本身已经是众所周知的产品，其本身不具有新颖性，但若生产该产品的某一方法更为先进，能够节约各项成本、提高生产和加工效率，对产品的生产产生有益影响，那么此种方法所涵盖的技术方案便符合专利法的保护条件，能够成为方法专利。

3. 保护模式有所不同

针对两种类型的专利，专利法给予其不同的保护模式。产品专利受《专利法》的保护，涉及产品的制造、使用、许诺销售、销售和进口五大环节，而《专利法》中对方法专利的保护则缺少对制造环节的保护这一内容，仅涉及余下四个环节。之所以存在这样的差别，是因为对于方法专利而言，实施该专利的直接结果就是依据该方法生产出特定产品，这意味着对该方法的保护以及对所得产品的制造环节的保护发生交叉，为了避免重复保护，所以《专利法》将方法专利中的制造环节删除，以明确不同类型专利的保护范围。事实上，方法专利一方面强调对制造方法的保护，同时其也蕴含着对所得产品的保护，二者兼具。

4. 侵权的举证责任不同

当发生产品专利侵权时，举证责任为"谁主张，谁举证"，但方法专利的举证责任则不同，其实行举证责任倒置。对此，TRIPS 协定第 34 条 "方法专利：举证责任" 做出了明确规定。该条规定，如果某项专利权属于方法专利，那么使用人若想证明自己并未侵权，司法部门有权要求其证明其生产制作的产品虽与权利人相同，但却并未利用权利人的专利方法，否则将被视为是对已经获得的专利的侵犯；若想适用前述举证规则，要求至少满足以下条件之一：一是利用该专利方法所获得的产品并非已经熟知的产品，具有一定的新颖性。二是疑似侵权人的产品有很大的可能性是通过使用专利方法所得，但要求专利权人证明侵权人的实际技术方案存在困难，权利人在力所能及的范围内无法实现；而在适用相关证据时，应当对疑似侵权人在保守商业秘密方面的利益予以考虑。

ESTI 知识产权政策指南第 6.1 条规定，当某项知识产权与有关标准相关联时，再针对该知识产权提请 ETSI 注意，此时 ETSI 总理事会应当迅速要求权利人做出许可承诺，承诺权利人在实施许可时将秉持公平、合理、非歧视的原则，该许可应当是不可撤销的，并且做出的承诺应当在三个月内完成，并以书面的形式做出。承诺内容包括许可制造，销售、租赁或以其他方式处理制造所得的设备，修理、使用或者操作设备，使用专利方法。指南第 15 条对"设备""方法"和"制造"等术语的具体含义进行了界定，认为"设备"应当是指在各方面均达到标准要求的任何系统或者装置，"方法"是指各方面均达到标准要求的任何方法或操作，"制造"是指各类设备、产品的生产。

有一点值得注意，与产品专利相比，成为技术标准的方法专利占据较大比例，之所以方法专利能够成为主体，究其原因在于在各类技术标准中，过程标准（工艺标准）的占比较大，而方法专利更容易成为过程标准的重要技术方案。同时，随着信息和科技的迅猛发展，当前许多科技类公司选择以技术研发—技术转让、许可的方式来营利，而并不参与实际的产品制造和销售。例如，美国的高通公司便通过此种模式发展成为当今通信行业的领军企业。虽然高通公司没有进行加工和制造的工厂设备，但凭借其所拥有的大量专利权而实现迅速发展，高通总部设立的专利墙上，专利数量已经多达 3000 多项，而这其中还不包括数以千计的正处于申请和审查阶段的专利。

（三）专利并入技术标准的主体

1. 技术标准提案人

一般而言，专利权人可以以标准提案人的身份提议将自己所拥有的专利技术并入标准。通过将专利转化为标准，专利权人可以获得更大的垄断利益，因为当标准被强制推行时，该专利将获得十分庞大的潜在使用群体。即便该标准并非强制推行，使用人可以自愿选择是否运用，但无论是生产者还是消费者，都在很大程度上对标准本身具有依赖性，标准提案人仍然可以从该自愿标准的使用中获利。

2. 技术标准提案人之外的第三方

权利人可以对自己所拥有的专利进行自由处分，但对于他人的专利则必须尊重，否则便可能涉及侵权，因此标准提案人通常不会提议将其他人的专利技术并入标准，但如果提案人获得了相关权利人的许可，则另当别论。除此之外也存在例外情况，此时提案人之外的其他人的专利也可以归入标准之中。这里主要包括两种例外情况：一是由于提案人的过失，导致其将其他人的专利权并入了标准，此种情况下的提案人在主观上确实不知情，且在客观上没有履行检索义务。二是提案人所提起的相关标准无法避免使用他人专利，因为当前不同技术之间的关联日益紧密，很难将某一技术从一项专利完全剥离开来。例如，我国的 TD-SCDMA 标准，其虽然包括我国的多项专利，但其毕竟是以 CDMA 技术为基础的，因此在提案时无法完全回避之前已经存在的技术基础。

3. 技术标准中并入专利的时间

某项技术若想获得专利权授权，其首先必须满足新颖性的要求，而在判断是否具备新颖性时通常有两种不同的判断方法，因此不同方法所界定的专利并入技术标准的时间也会不同。

（1）在先申请制度中的情况。根据标准制定的程序要求，专利若决定将其所拥有的技术专利归入到标准之中，形成的标准议案应当向社会公开，以寻求社会各界的反馈意见，此时纵使该技术日后可以成为正式标准，但由于该技术已经在征询意见阶段公开，为公众所知，那么该技术将无新颖性。若专利权人在议案公开之前并未提出专利申请，那么由于新颖性的丧失，该技术也就无法获得授权批准，这对于标准提案人而言可谓是得不偿失。因此，受到先申请制度的影响，提案人应当在获得专利权或提出专利申请之后，再提出标准议案，而不能颠倒顺序，否则对于专利权人而言就失去了专利标准化的意义。

（2）在先发明制度中的情况。不同于先申请制度的先申请专利后提起标准议案，在先发明制度下，顺序颠倒也不会影响技术所有人的利益。之所以先发明制度不对顺序做强制要求，其原因在于先发明制度与其他制度有所不同，在以美国为首的先发明制度国家，口头联系或者书面的标准设定活动都不至于使相关专利失去效力，虽然有被视为在先技术的可能。根据美国《专利法》第 102 条（a）（e）（g）款的规定，在认定某一技术是否具备新颖性时，其界定日期应当是先发明日期，申请日并非评估的基准，只要技术研发尚未最终完成，那么即使技术所有人已经提出了标准议案而未申请专利，该技术的新颖性依然可以保留。同时，美国专利法第 102 条（b）款还赋予了技术所有人一年的优惠期，即技术的新颖性可以持续到技术公开之日起后的一年之内，专利权人在提出标准议案时没有申请专利也并不影响其新颖性，只要在一年内完成申请，依然可以视为正常申请的专利而获得同样的权利保护。

四、专利标准化路径的实现

在日渐激烈的市场竞争环境当中，一个企业要想取胜，关键在于如何抢占市场的制高点。而对高新技术企业而言，如果能主动创造、制定被他人追随的规则和标准，那么其也就拥有了在市场中的话语权，而这一目标的实现离不开缜密的知识产权战略的制定，并对其加以灵活运用，从而掌握主动权。通过对市场中事实标准产生过程的分析以及对各个标准化机构工作内容的探究，我们发现，企业若想利用技术标准扩大市场就必须在以下三个关键点上着力：技术成果的专利化、专利国际保护的寻求和专利向标准的转化。

（一）技术成果的专利化

1. 知识产权保护模式的选择

当今企业逐渐认识到知识产权在市场竞争中的重要地位，通过技术研发并申请获得专利，可以使企业在相关市场中获得垄断利益。而将科技研发所得转化为知识产权并非必须通过申请专利才能得以实现，企业也可以选择将科研成果作为商业秘密加以保护，只要不被泄露，则其所拥有的商业秘密也就能为其带来垄断价值。如果技术所有人未针对其技术申请专利，而是选择通过商业秘密的方式进行保护，此时该技术是否可以被并入标准之中？显然不能。因为一项技术作为专利权受到保护，与作为商业秘密受到保护，二者存在本质的不同，不同之处在于专利权具有公开性，公众有渠道获知技术方案，但是商业秘密因其秘密性，其内容是非公开的。技术标准显然应当为公众所知，具有公开性，否则便无法被广泛使用。所以对于一项技术而言，其若被作为商业秘密加以保护，则无法成为标准来获得更广泛的垄断利益。

但这也并不意味着商业秘密模式的价值就必然低于专利保护模式，对于某些具有垄断商业价值的技术内容，将其作为商业秘密对企业而言往往更为有利。既然如此，那么我们应当如何判断某一技术成果应当运用专利保护模式还是其他模式呢？哪些因素将决定该技术方案应当申请专利？总体而言，以下几方面因素是我们在选择技术保护模式时应当考虑的。

（1）商业秘密的安全系数。某一企业将其技术保持为垄断性秘密的概率越大，相应地，其需要支付的相关成本就越低，进而可以获得更高的垄断利益，此时，将技术作为商业秘密加以保护不仅保护力度强，同时可以降低企业的生产经营成本。反之，若企业较难维持技术的秘密性，采取保密措施需要付出高昂的成本，那么此时依然将技术作为商业秘密保护显然非明智之举，因为同样的成本若用以支付专利申请的费用，通过获得专利权来取得垄断地位，更有利于实现企业整体利益。

（2）可替代专利产品或技术的可能性。若他人生产制造出同一产品或研发出同一技术方案的可能性越小，那么技术所有人就不必担心市场上可能存在同类竞争者，用于市场竞争的投入就相对较低，其所获得的垄断利益也就越稳定，此种情况下，发挥商业秘密的优势应当是较优选择；但若相反，其他企业生产制造出同一产品、研发出同一技术的可能性越高，企业所面临的风险就越大，为了维持优势地位，企业就必须付出更高的竞争成本，此时寻求《专利法》的保护则更为适宜。

（3）迭代周期的长短。技术的发展是日新月异的，既有技术被新技术取代的周期越来越短，而专利保护真正可以发挥价值的期限仅在于替代周期之内。如果专利的保护期限已至，但技术的替代周期尚未到来，意味着该技术依然具有市场价值。这一阶段由于缺少专利权的保护，技术所有人的利益会受到损害，所以更适宜采用商业秘密的保护方式。如果技术更新换代的周期比该技术作为专利的保护期限短，此时通过专利制度加以保护则更为明智。

当前的技术竞争越来越集中于通信、电子产品、信息技术等高新科技领域，其原因之一就在于这些行业中的技术成果往往更易通过反向研究的方式被了解、掌握，且针对同一技术往往存在多个竞争者，这些竞争者为了获取技术优势，竞相对同一技术进行研究，使得这些领域中的技术更新速度极快。对于这些相关企业而言，要想在竞争中不被击败，实现技术专利化、专利标准化才是可行之道。

2. 技术成果专利化的程序

技术成果要想转化为专利，需要完成一定的程序和步骤，首先应当向国家有关部门提出申请，有关部门在对申请进行审查之后决定是否授予专利权。而技术本身是否满足专利的构成要件，即新颖性、创造性和实用性也是相关部门是否进行专利授予所考虑的关键因素。

所谓新颖性，概言之就是技术在提交申请之前尚处于未公开的状态，此时该技术仍属于技术所有人的个人秘密。对专利新颖性理解的关键在于何为专利的公开：在国际范围内，要求该技术尚未在有关出版物上出版；而在国内则要求不仅未在有关刊物上出版，同时也不得存在口头上的公开。除此之外，主管部门也必须尚未收到相同或类似的申请。

新颖性的认定需要有技术之间的不同，而创造性则要求此种不同要带来产品和服务的提升与改进。创造性要件在不同专利类型上的表现和要求也有所不同。相较于实用新型专利，发明专利往往要求具有更高的创造性。我国《专利法》规定，发明专利应当具有"突出的实质性特点和显著的进步"，而实用新型则只需具备"实质性特点和进步"。创造性的概念因具有一定的抽象性而使得实践认定需要依据个案的具体情况而论，对于技术所有人而言把握难度较大，但这也并不意味着技术所有人毫无办法，通过在申请文件中对不同技术进行对比和分析，进而突出自身技术的特点和进步，也可以为自身争取更大的获权概率。

实用性强调的是技术的实用价值，是指该技术能够被大范围的应用并产生经济价值的特性。通过实用性的限定，基础理论研究成果可以被排除出专利权范围。也正是由于实用性的要求，所以企业在完成某项技术的研发之后，还应当进行产业应用研究或试验，以保证技术能够投入生产和经营，否则在申请专利时，不仅会因实用性不足而被驳回，甚至会使新颖性因公开而丧失。

前述三个要件属于技术转化为专利的实质性条件，但即便一项技术符合前述三项要求，也依然需要经过法定程序才能获得专利权。专利权的产生并非自动产生，需要通过法律授权的方式。一般需要经过申请、形式审查、公告、实质审查等环节，而不同国家、不同技术类型所需的文件和程序也都各有不同，此处不再一一赘述。但对于技术所有人而言，在某一国家获得专利权仅仅是迈出了专利标准化的一小步，还必须在各个国家和地区进行专利申请，从而扩大专利权保护的地域范围。

（二）专利国际保护的寻求

能够被归入标准而成为标准必要专利的专利必须是现行有效的，即该专利通过申请获得了专利授权，并且每年按时缴纳专利年费，不存在无效的情形，同时还要求该专利在其他相关国家也必须有效。通过在各个国家申请专利，可以为专利演变为国际标准奠定基础。

要实现技术在多个国家获得授权，技术所有人一方面可以采取逐个国家分别申请的方式，但分别申请往往程序烦琐、耗时漫长而且成本高昂，稍有不慎还可能由于没有合理安排利用优先权期限而导致申请受阻，所以相对而言，借助世界知识产权组织来进行国际申请不仅简便，而且节约成本。

世界知识产权组织缔结签署的《专利合作条约》（Patent Cooperation Treaty，PCT）为专利的国际申请提供了明确的依据，使得技术持有人可以较快地在各国获得专利权，并且成本低廉。但该条约的内容并未对专利的批准问题做出规定，仅对专利申请的受理和初步审查所需履行的程序进行了明确和统一。换言之，条约仅规定了程序性内容，却并不涉及实体内容，因此各成员国的国内实体法将不会受到影响。关于程序的规定集中在条约的前两章，第一章是对国际申请的提出、国际检索和发布的规定，而第二章则主要规定了国际初步审查的流程。申请的提出、检索和发布是每一成员国都需要批准执行的，属于必经程序。至于初步审查问题，结合各成员国的具体情况，规定各成员国在决定是否批准时可以结合自身实际决定，并不强制要求，但在实践中，全部成员国都已自愿遵循第二章的要求和规定。但全体成员国的自觉遵守并不改变该章条款内容的强制力，各成员国公民在依照条约申请专利时依然拥有自主选择权，可以接受国际初步审查程序，也可以拒绝。

截至 2005 年 3 月 2 日，已有 126 个成员国加入了《专利合作条约》，我国于 1994 年 1 月 1 日正式加入该条约。根据条约规定，我国国家知识产权局，即当时的专利局成为受理局，并依据此条约被指定为该条约的国际检索单位和国际初步审查单位。

1.《专利合作条约》的主体适用范围

《专利合作条约》第 9 条对条约适用的主体范围进行了清晰规定，包括条约各成员国的国民和居民，以及经条约成员国大会批准后的《巴黎公约》成员国的国民和居民。根据《专利合作条约实施条例》第 18 条的解释，条约中所指的"国民"是按照国籍划分的，不仅包括具备成员国国籍的自然人，还包括依据成员国国内法律法规建立的法人组织；"居民"则并不强调国籍属性，以惯常居所来判断是否符合要求，既包括自然人也包括在成员国国内建立了真实且有效的工商经营场所的法人。在判断某一申请人究竟是否符合主体条件时，应当由受理申请的专利局决定，专利局在判断时应当依据该国的国内立法。假如申请人的数量超过一人，并不要求全部申请人都完全符合主体要求，但至少应当有一个主体符合条件，否则便无权提起国际申请。

2. 国际申请的提出

申请人提出国际申请时可以自主选择受理局，既可以选择申请人的国籍国和居住国的专利局，也可以选择国际局。国际申请所需的文件一般包括请求书、说明书、一项或几项权利要求、一幅或几幅附图以及摘要，其中附图并非强制提交的文件，若申请人认为有必要提交则可以提交。

如果申请人在此次申请前，曾针对同一专利技术向《巴黎公约》的缔约国提出过申请，那么申请人可以因此获得优先权，但需要在请求书中予以说明。

为了同时在尽可能多的国家范围内获得保护，申请人可以要求多个成员国的专利局对其技术进行专利授权，从而基于国际申请而获得多国保护，此种要求下的各个成员国的专利局被称为"指定局"。根据条约第22条的规定，申请人在最初提交国际申请时，即便无法确定最终的指定国也无妨，因为其有权在获得优先权之日后的一段时间内做出决定，这一时间段为20个月。无论申请人要求的指定局是一个还是多个，申请人均只需向受理局提交一份国际申请，而无需提交多个。受理局对于申请人提交的申请会进行审查，但仅限于形式内容，若审查合格，则便会向申请人授予国际申请日。国际申请日的意义在于使国际申请在各指定国的效力发生变化，自该日后，国际申请便拥有了与正式的与国家申请同样的效力。该技术在各个指定国的实际申请日即为此日。

形式审查符合条件之后，受理局会将收到的文件进行复制，并分别送往两处机构。一是登记局，即世界知识产权组织在日内瓦的国际局，送交的文件会成为之后进行登记和公布的资料；二是任何一个依据条约受理国际申请的检索局，目前条约下的检索局涵盖多个国家的机构，包括瑞典、澳大利亚、美国、奥地利、西班牙、中国、俄罗斯、日本等国的专利局以及欧洲专利局。

3. 国际申请的检索

国际申请要想最终获得专利权保护必须经过国际检索，其一般发生在形式审查合格之后。通过检索，可以确定是否已经存在与所申请专利相同或类似的技术，若有，则说明该技术不具有新颖性。

国际检索局进行检索工作也有时间上的限制，应当在规定的时间范围内提交检索报告，并将报告交于国际局和申请人。检索报告并不会对技术本身的价值进行分析和评判，仅会对与申请所提交的权利要求相关的现有技术进行罗列，同时会对所引用的文件与新颖性和创造性相关的程度进行说明。通过检索，申请人可以对获权成功的概率进行预估，及时了解是否在某些指定国已经存在在先技术，进而调整国际申请的战略和重点，或者对申请内容进行及时调整。

4. 国际申请的公布

自申请优先权日起满十八个月后，国际局在申请人不撤回申请的前提下，会对申请以及检索报告进行公开，并向每一指定局转发一份申请和检索报告的复制件。申请的公开并不需要严格遵守十八个月的要求，申请人可以自愿选择将公布日期提前。国际申请的公布对于各指定国而言，相当于在指定国国内依法公开尚未进行审查的申请，两者具备同样的效力，当然这仅属于原则性规定。

申请人在收到国际检索报告之后有权决定是否进入指定局的国内阶段，若其决定进入，则必须向特定的指定国提交翻译后的国际申请，并向其缴纳国内费用，而这一提交也有时间限制，为优先权日起至第二十个月届满之日止。若未能在这一时间段内完成文件的提交和费用的缴纳，那么指定局将把该申请进行撤回处理。若文件提交和费用缴纳均顺利完成，之后指定国的专利局将会按照其国内立法的规定完成工作。

5. 国家申请的初步审查

如前所述，国际审查并不是必须经历初步审查。究竟是否走这一程序，申请人有权利自行选择。在国际申请的实践中，申请人为了能够提高自己发明创造获取专利权的可能性，一般都会主动选择适用初步审查。但是，需要注意的是，一旦申请人做了这一选择，其国际申请就不会立即进入国际专利申请指定局的国内程序。

一般而言，国际申请的初步审查要求书必须在进入国际局之后，自其能够主张的优先权日届满之前，才可以根据程序正式要求提交初步审查单位。申请人应当在初步审查要求书中载明初步审查报告结果将会用于哪些具体的成员国专利局。根据规定，这些成员国的专利局还有另外一个法定名称——选定局。对于这些选定局的选择，国际申请的条约已经做出了明确可供选择的范围，申请人只能在可供选择的指定局中选择。另外，依据条约的规定，选定局有且只能是遵守条约第二章约束的成员国的专利局。国际初步审查单位在接到国际申请的初步审查要求书后，应当在条约规定的期限内完成初步审查工作，并及时公布审查报告。

需要注意，尽管国际初步审查单位针对国际申请中的权利要求所记载的技术方案是否符合条约所规定的"三性"，即新颖性、创造性和实用性等情况进行审查分析并做出明确的书面报告，但是这份报告并不具有任何的约束力，其仅仅是国际申请选定国的专利局在决定是否授予专利时的参考因素。

依据条约规定，初步审查报告被国际申请人接受后，如果想要进入条约选定国的国内程序，那么其应当在条约规定的期限内向其选定的指定局提交国际申请的相关文件（含申请译本）并且缴纳一定的申请费用。如果在规定的期限内，申请人并未提供国际申请的相关文件以及缴纳申请费用，那么这项国际申请的效力就会丧失。

正如《专利合作条约》序言所述，该条约的适用能够有效简化国际申请的流程和手续，不仅方便成员国的国民进行国际申请，同时也使得成员国专利局的工作量大幅度减少。除此以外，申请人所享受的优先权时效较之《巴黎公约》要长很多，同时对于一些审查能力较弱的国家而言，这种做法也能够实现专利申请所要求的实质审查工作的目的。

（三）专利向标准的转化

专利向标准的转化是一个企业进行标准化战略改革的关键和核心，尤其是专利向国际标准的转化。在实践中，很多企业在拥有大量的专利之后就停滞不前，最终使得企业失去了制定标准的先机。当然，专利向标准的转化需要整个行业甚至是国家的推动，不能仅仅依靠一个企业。

发达国家的企业专利向标准的转化一般而言有两种形式：第一种是事实路径形式，即企业专利导致专利池的自发产生继而生成了行业事实标准；另一种是构建路径形式，通过专利的产生去确定国家标准战略。

由于现实因素和历史原因，在多数传统工业领域，我国企业无法参与国际标准的制定。但是，在很多高新技术产业领域，由于其出现较晚、发展迅速，很多技术标准并没有完全形成，这使得我国可以参与到这些行业标准的制定过程。考虑到我国单个企业掌握技术较为单一、行业协会的影响力和作用有限等现实因素，还是应借助政府的力量推动专利向标准转化。具体而言，我国实现标准化战略应以行业作为标准制定的排头兵，以政府为助力完成国家标准的制定，进而向国际标准转化。

第三章　我国标准涉及专利的现有规则分析

第一节　标准涉及专利政策文件概述

标准涉及专利的管理政策是个综合问题，涉及知识产权、反垄断和司法裁判等多个领域。在商务部于 2005 年代表国家向 WTO 提交的"标准化中的知识产权问题"提案中，明确主张制定专门的标准涉及专利处置规则。为了规范和解决标准涉及专利的各种问题，最高人民法院、国家知识产权局、国家发展和改革委员会、国家市场监督管理总局、商务部均在各自管辖范围内出台了相关的规定或草案，一些地方的高级人民法院也有相关指导意见。

相关部门发布的标准涉及专利政策文件，如表 3-1 所示。

表 3-1　国家相关部门发布的标准涉及专利的政策文件

发文机关	文件名称	发文时间
国家标准委、知识产权局	《国家标准涉及专利处置规则（暂行）》	2013 年 12 月 19 日
质检总局、国家标准委	GB/T 20003.1-2014《标准制定的特殊程序 第 1 部分：涉及专利的标准》	2014 年 4 月 28 日
最高人民法院	《最高人民法院关于朝阳兴诺公司按照建设部颁发的行业标准〈复合载体夯扩桩设计规程〉设计、施工而实施标准中专利的行为是否构成侵犯专利权问题的函》	2008 年 7 月 8 日

续表

发文机关	文件名称	发文时间
最高人民法院	《最高人民法院关于审理专利纠纷案件适用法律问题的若干规定（二）》	2016 年 3 月 21 日
国家知识产权局	《中华人民共和国专利法（征求意见稿）》及立法说明	2015 年 4 月 1 日
国家知识产权局	《专利侵权行为认定指南》	2016 年 5 月 5 日
国家市场监督管理总局	《关于禁止滥用知识产权排除、限制竞争行为的规定》	2015 年 4 月 7 日
国家市场监督管理总局	《关于滥用知识产权的反垄断执法指南（国家市场监督管理总局第七稿）》	2016 年 2 月 4 日
国家发展和改革委员会	《中华人民共和国国家发展和改革委员会行政处罚决定书》发改办价监处罚〔2015〕1 号	2015 年 2 月 9 日
国家发展和改革委员会	《国家市场监督管理总局关于滥用知识产权的反垄断指南（征求意见稿）》	2015 年 12 月 31 日
商务部	《标准化中的知识产权问题：中华人民共和国递交 WTO 提案》	2005 年 5 月 23 日
商务部	《商务部关于附加限制性条件批准诺基亚收购阿尔卡特朗讯股权案经营者集中反垄断审查决定的公告》	2015 年 10 月 19 日
商务部	《第 26 届中美商贸联委会联合成果清单》	2015 年 12 月
北京市高级人民法院	《北京市高级人民法院专利侵权判定指南》	2013 年 9 月 4 日

此外，还有一些综合文件虽然不是直接涉及标准与专利问题，但是其部分内容可能对标准涉及专利的政策制定和适用产生影响。例如，《国务院深化标准化工作改革方案》《中共中央国务院关于推进价格机制改革的若干意见》等，笔者也会将这些文件中有关标准及专利的内容作为考察对象分析。从这些政策文件中我们可以得出如下基本结论。

第一，标准涉及专利处置规则源于解决纠纷问题。最早对标准涉及专利做出实质说明的内容，是最高人民法院对争议案件的批复，该批复同时指出了标准涉及专利政策存在制度空白。因此，制定标准涉及专利处置规则，核心问题是避免争议，以及在争议发生时能够解决争议。

第二，标准涉及专利问题是一个综合交叉问题。标准涉及专利牵涉到标准化工作、知识产权工作、市场竞争执法工作、国际贸易工作和司法审判工作。这种多部门交叉的情况，决定了标准涉及专利问题需要在综合性法律中做出原则性规定，全面解决问题还需要在条件成熟时通过专门的行政法规或者联合文件对相关问题予以具体规定和协调。

第三，标准涉及专利规则尚处于变化发展之中。《第26届中美商贸联委会联合成果清单》明确指出："中美双方同意继续就'标准与知识产权'议题项下有关问题进行对话。"国家知识产权局在2016年3月4日发布的《专利侵权行为认定指南（征求意见稿）》特别规定了"基于技术标准产生的专利默示许可"，但在2016年5月5日发布的最终文件中删除了这一规定。这种情况表明，标准涉及专利的处置规则尚处于形成过程之中，一些旧有规定可能被改变，而新规则的形成需要相关部门在各自管辖权范围内做好充分准备。

第二节　标准涉及专利的处置原则

标准涉及专利问题的处置原则，是指处理标准涉及专利问题的价值和方法取向。从相关部门的政策文件和标准化、专利的自身特性角度而言，该问题的处置原则包括以下四个方面：①权利保护原则；②利益平衡原则；③合理限制原则；④促进创新和技术进步原则。

一、权利保护原则

权利保护原则是《专利法》第一条所规定的首要立法宗旨，这是专利法律制度自诞生以来的基本立场，是知识产权法律制度的立命基础。与此同时，专利权属于民事权利体系中的绝对权，即只要发明创造被国家授予了专利权，则无论外界条件如何变化，保护专利权人的该项民事权利是基本原则。权利保护原则的基本内涵是指除法律中明确规定的几种情形外，未经专利权人许可，任何人不得为生产经营目的制造、使用、许诺销售、销售、进口其专利产品或者使用其专利方法以及使用、销售、进口依照该专利方法直接获得的产品。否则，就构成对专利权的侵犯。如果一项专利被并入了标准之中，这也不能改变国家授予权利人的专利权性质。因此，尊重专利权人的专利权是我们处理标准涉及专利问题需要遵循的第一原则。

二、利益平衡原则

利益平衡也被称之为利益协调、利益衡量。知识产权法是以平衡知识产权人利益与公共利益为基础建立的法律制度。利益平衡原则是知识产权法的基本原则。在 2008 年修订《专利法》时，将第一条原立法宗旨所规定的"保护发明创造专利权"改为"保护专利权人的合法权益"，这表明不能认为建立专利制度就是一味地强调对专利权的保护。专利权制度不仅要充分维护专利权人的合法权益，也要充分顾及社会和公众的合法权益，两者之间应当实现一种合理的平衡。利益平衡是法律调整利益关系的有效手段，是专利制度和标准化制度的核心价值，是解决标准与专利冲突的客观需要。对标准涉及专利的冲突进行利益平衡协调，需要以利益平衡为手段，通过对利益进行正义评价，尊重每个利益主体的主体资格及其利益追求，构建以社会利益优先、公权力适当介入、合理权利限制为主要原则，兼具激励和制约双重功能的冲突协调机制。

三、合理限制原则

在法律制度中，没有无边界的权利。任何权利，都应当以不得侵害他人合法权益和社会公共利益为限。《国家知识产权战略纲要》提出，既要"加强知识产权保护"，也要"防止知识产权的滥用"。为实现前者，该纲要指出应当"修订惩处侵犯知识产权行为的法律法规，加大司法惩处力度"；为实现后者，该纲要指出应当"制定相关法律法规，合理界定知识产权的界限，防止知识产权的滥用，维护公平竞争的市场秩序和公众合法权益"。在专利权的限制中，主要涉及《专利法》第四十八条至第五十八条所规定的强制许可和第六十九条所规定的责任豁免理由。在标准涉及专利中，考虑到标准的普遍适用性和特定情况下的实际强制性，对专利权人的权利进行合理限制很有必要。

四、促进创新和技术进步原则

根据《专利法》第一条的规定，专利法律制度的社会目的在于鼓励发明创造，推动发明创造的应用，提高创新能力，促进科学技术进步和经济社会发展。实现该目的的主要机制就是在专利法中保护专利权人的利益，让专利权人获得利益激励，从而不断地进行创新和开发新技术。同时，如果一项发明创造仅仅停留在纸面上，束之高阁而不予实施应用，那么再好的发明创造也没有实际意义。因此，《专利法》一方面鼓励专利权人积极实施专利，另一方面也为他人实施专利创造了有利的条件。值得注意的是，为他人实施专利创造条件主要是指《专利法》第二十六条第三款要求专利申请文件的清楚和完整，便于专利的实施；第二十一条第二款对专利公开的要求，便于相关人获得专利信息。

促进创新和技术进步也是标准化工作的基本宗旨之一。《国家标准涉及专利的管理规定（暂行）》在第一条（立法宗旨）中提出："鼓励创新和技术进步，促进国家标准合理采用新技术。"该表述肯定了标准与专利融合可能带来的积极作用，这一观点也得到了国务院和国务院办公厅文件的肯定。2015 年 3 月发布的《国务院深化标准化工作改革方案》提出"支持专利融入团体标准，推动技术进步"，肯定了标准与专利融合的积极作用。国务院办公厅在 2015 年 12 月发布的《国务院办公厅关于印发国家标准化体系建设发展规划（2016-2020 年）的通知》中明确提出："开展标准化创新服务机制研究，推动'科技、专利、标准'同步研发的新模式，助力企业实现创新发展。加强专利与标准相结合，促进标准合理采用新技术。"

第三节　标准涉及专利的调整范围

标准涉及专利的调整范围，是指标准涉及专利规则所需要规范的问题范围。这涉及两个方面，一方面是哪些专利属于标准涉及的专利，另一方面是哪些标准并入专利是需要法律规范予以调整的。

一、专利的范围

《国家标准涉及专利的管理规定（暂行）》在第四条中提出："国家标准中涉及的专利应当是必要专利，即实施该项标准必不可少的专利。"该条内容一方面要求并入国际标准的专利应当是必须的，不能随意将他人的专利并入国家标准；另一方面对标准必要专利做了定义，即实施该项标准所必不可少的专利。

在国家发改委对高通公司做出的《中华人民共和国国家发展和改革委员会行政处罚决定书》（发改办价监处罚〔2015〕1 号）中，就引用了该条表述，明确"业界通常将实施技术标准所必须使用的专利称为标准必要专利"。在国家市场监督管理总局的《关于滥用知识产权的反垄断执法指南（第七稿）》和《关于禁止滥用知识产权排除、限制竞争行为的规定》中，也引用了暂行规定的表述，即本指南（规定）所称标准必要专利，是指实施该项标准所必不可少的专利。而在商务部做出的《商务部关于附加限制性条件批准诺基亚收购阿尔卡特朗讯股权案经营者集中反垄断审查决定的公告》中，虽然引用了"标准必要专利"这一概念，但在表述中没有突出"必要属性"。商务部在该公告中指出："技术标准是在生产活动中为达到标准而必须实施的技术。技术标准的确立与实施保证了产品或服务的互换性、兼容性和通用性。专利权，作为一种法定的垄断权，赋予权利人就特定专利技术排他性使用的独占性权利。技术标准与专利相结合，形成了标准必要专利，即实施某项技术标准所需的专利。"因此，笔者认为商务部对技术标准的性质产生了错误的认识，对于标准必要专利的成立条件也认识不清。

目前，对于相关专利是否构成必要专利没有明确的审查标准和审查程序。未来，如果没有完善的必要专利审查制度，或者标准化组织不严格执行必要专利审查制度，司法机关依然可以对并入标准的专利的必要性做实质性的司法审查，这是司法权的固有权力。在此情况下，标准中并入的专利有可能被司法机关认定为不必要，这种法律后果将对标准化行政主管部门的行政管理职责产生较大的影响。反之，如果标准化工作履行了严格的审查程序，则根据司法的谦抑性，司法机关只可能对是否履行程序要求做形式审查，其审查结果不会影响标准化行政主管部门的公信力。

二、标准的范围

根据国务院发布的《深化标准化工作改革方案》，我国的标准类型分为国家标准、行业标准、地方标准、团体标准和企业标准。哪些标准并入专利需要受到法律规范调整，这是一个价值判断问题。

《国家标准涉及专利的管理规定（暂行）》第二条规定："本规定适用于在制修订和实施国家标准过程中对国家标准涉及专利问题的处置。"即使该管理规定的第二十二条规定："制修订行业标准和地方标准中涉及专利的，可以参照适用本规定。"但是何谓"可以参照"？对于争议相关方和裁决机关来说，如何选择是否参照没有一个明确的依据。从《标准化法》对授权的规定来说，国家标准化行政主管部门统一管理各类标准，该政策不应局限于国家标准。

笔者认为，国家标准、行业标准和地方标准均是政府标准，属于公共政策的组成部分；而专利权是民事私权利，将私权利嵌入公共政策文件之中，需要对公共利益作出保障安排。对于团体标准，需要根据该团体标准的市场占有率和可替代性来判断其必要专利可能对社会公共利益的影响。因此，对于团体标准，需要在满足一定条件下并入标准涉及专利处置规则的调整范围。对于企业标准，由于该标准是在标准制定企业内使用，一般情况下不会被他方执行，也就不存在标准实施过程中的被许可人，故而没有必要在标准涉及专利处置规则中予以调整。

第四节　专利信息的披露

一、专利信息披露的理由

标准文件的表达内容受到《著作权法》的保护，但是，标准的思想内容不属于知识产权保护的内容，这就是《著作权法》中的"保护表达而不保护思想"原则。对于标准的实施者，其执行的标准是无需获得标准组织许可的，可以自由参照实施。国家知识产权局在《专利行政执法证据规则指引》中指出，通常情况下，国家标准、行业标准和地方标准属于专利法意义上的公开出版物。《北京市高级人民法院专利侵权判定指南》规定，将申请日前已有的国家标准、行业标准等技术标准申请专利并取得专利权的，属于恶意取得专利权。也即，该行政和司法政策明确禁止将技术标准申请为专利，维护标准的自由实施性质。而对于专利，人们可以通过公示平台免费浏览专利的全文内容，但执行该专利必须获得专利权人的授权，因为专利权的核心内容就是思想方法。对于标准中嵌入的专利，在标准文件的正文中并没有注释说明，为了兼顾标准的自由实施机制和专利的授权许可实施机制，专利信息的披露就显得非常重要了。

二、专利信息披露的鼓励措施

我国在 2014 年开始正式实施《国家标准涉及专利的管理规定（暂行）》，其第二章（第五至八条）对标准涉及的专利信息披露问题做了规定，鼓励参与或没有参与标准制修订的组织或者个人向相关全国专业标准化技术委员会或者归口单位披露其拥有和知悉的必要专利。通过对该规定的分析可以看出，其对于专利许可、信息披露等多个方面都进行了比较具体的规定，但是在违反规定的法律后果方面却比较模糊，需要进行补充。该《管理规定（暂行）》历经十三年多次的讨论修改，依然未能解决很多具体的细节问题。GB/T 20003.1—2014 标准制定的特殊程序第 1 部分：涉及专利的标准也尝试对更多的细节问题进行修补和完善，但并未实现有效的改变，毕竟该《管理规定（暂行）》本身属于框架性规范，对具体细节的指导、实践中具体尺度的衡量和把握没有核心的价值引导。

《最高人民法院关于审理侵犯专利权纠纷案件应用法律若干问题的解释（二）》第二十四条第一款规定："推荐性国家、行业或者地方标准明示所涉必要专利的信息，被诉侵权人以实施该标准无需专利权人许可为由抗辩不侵犯该专利权的，人民法院一般不予支持。"相比于不履行披露义务可能被视为默示许可，该司法解释通过正面规定的方式对披露专利信息的行为给予了鼓励。

三、不履行专利信息披露义务的责任

《国家标准涉及专利的管理规定（暂行）》对于参与者没有披露其拥有的相关专利的法律后果无相关规定。部分部门制定的政策中，对于违反专利信息披露义务的专利权人规定了两种类型的法律责任。

第一，不披露专利信息则视为默示许可。在国家知识产权局发布的《专利法修改草案（征求意见稿）》第 82 条中提到：参与国家标准制定的专利权人在标准制定过程中不披露其拥有的标准必要专利的，视为其许可该标准的实施者使用其专利技术。对于这一条的立法理由，国家知识产权局公布的立法说明给出了这样的解释：参与标准制定的专利权人在标准制定过程中应当遵循诚实信用的原则，尽可能努力披露自己拥有的标准必要专利。为了防止参与标准制定的专利权人在标准制定过程中不披露其拥有的标准必要专利，将其拥有的专利技术并入标准中，在标准实施后又通过专利"挟持"标准实施者，损害标准实施者和消费者利益，《专利法》有必要对此种行为进行规制。这种默示许可，实际上是限制（剥夺）了专利权人的许可权。

第二，故意不披露专利信息的视为不正当竞争行为予以处罚。《关于滥用知识产权的反垄断执法指南（国家市场监督管理总局第七稿）》第 28 条指出，具有市场支配地位的经营者没有正当理由，在标准的制定和实施过程中故意不向标准制定组织披露其权利信息或者明确放弃其权利，但是在某项标准涉及该专利后却对该标准的实施者主张其专利权，会排除、限制相关市场的竞争，将依据《反垄断法》予以行政处罚。

值得注意的是，根据《国家标准涉及专利的管理规定（暂行）》第二章的规定，任何组织或者个人可以将其知悉的专利信息书面通知相关全国专业标准化技术委员会、归口单位、国家标准化管理委员会。

第五节　专利实施许可

《国家标准涉及专利的管理规定（暂行）》第三章（第九至十三条）对标准必要专利实施许可的声明、不声明后果和相关专利的转让做出了规定。而在相关部门的政策中，涉及专利默示许可规则、声明许可的形式、许可费用的确定等内容。

一、标准涉及专利的默示许可

根据《关于〈中华人民共和国专利法修改草案（征求意见稿）〉的说明》的解释，标准涉及专利的默示许可是指：参与标准制定的专利权人在标准制定过程中不披露其拥有的标准必要专利的，视为其许可该标准的实施者使用其专利技术，在此情形下专利权人无权起诉标准实施者侵犯其标准必要专利。但默示许可不等于免费许可，专利权人仍有权要求标准实施者支付合理的使用费。

标准涉及专利的默示许可最早在 2008 年发布的《最高人民法院关于朝阳兴诺公司按照建设部颁发的行业标准〈复合载体夯扩桩设计规程〉设计、施工而实施标准中专利的行为是否构成侵犯专利权问题的函》中被确立，该批复指出："将专利并入国家、行业或者地方标准的，视为专利权人许可他人在实施标准的同时实施该专利，他人的有关实施行为不属于专利法第十一条所规定的侵犯专利权的行为。"显然，根据最高人民法院的意见，只要权利人以明示或者默示的方式同意将其专利并入标准，则视为许可他人免费实施；对于不同意或者附条件同意将其专利并入标准的未做说明。

2015 年 4 月发布的《专利法修改草案（征求意见稿）》继承上述批复的规定，同样规定了标准涉及专利的默示许可。根据国家知识产权局的解释，建立默示许可制度的目的在于处理好标准和专利之间的关系，防止专利权人在参与国家标准制定过程中不当行使专利权损害公共利益。同时，国家知识产权局认为通过利益平衡原则，妥善处理标准和专利之间的关系对于促进先进技术的推广应用，推动相关产业发展，维护专利权人、标准实施者和消费者各方利益具有重要意义。实际上，国家知识产权局建立专利默示许可制度的另外理由在于诚实信用原则，其指出："参与标准制定的专利权人在标准制定过程中应当遵循诚实信用的原则，尽可能努力披露自己拥有的标准必要专利。为了防止参与标准制定的专利权人在标准制定过程中不披露其拥有的标准必要专利，将其拥有的专利技术并入标准中，在标准实施后又通过专利'挟持'标准实施者，损害标准实施者和消费者利益，专利法有必要对此种行为进行规制。为了平衡专利权人与标准实施者和消费者的利益，结合国内外的法律实践，草案规定了标准必要专利默示许可制度。"

但是，ISO 主张该默示许可制度损害了专利权人的利益。国家知识产权局在 2016 年 3 月 4 日发布的《专利侵权行为认定指南（征求意见稿）》中特别规定了"基于技术标准产生的专利默示许可"。由于标准化组织的反对声音较大，2016 年 5 月 5 日发布的最终文件中删除了这一规定。目前，《专利法修订草案（征求意见稿）》尚未通过，该默示制度能否最终保留尚存不确定性因素。

与此同时，最高人民法院的司法解释另辟蹊径，回避了默示许可这一争议问题。《最高人民法院关于审理侵犯专利权纠纷案件应用法律若干问题的解释（二）》第 24 条规定：推荐性国家、行业或者地方标准明示所涉必要专利的信息，被诉侵权人以实施该标准无需专利权人许可为由抗辩不侵犯该专利权的，人民法院一般不予支持。该司法解释明确了履行披露义务后的标准必要专利，专利权人将获得明确的许可权保护。

专利默示许可本质上是立法或司法根据案件背景做出的事实推定。这一推定的大前提是经由社会、历史检验，符合常识、常理、常情的经验法则，再结合已知的案件事实，根据逻辑法则，加诸价值判断，得出相关的推定事实。推定事实的准确性与经验法则的概率密切相关。同时，即便推定事实与当事人的内心真意有违，立法或司法也会从已知的基础事实出发，基于诚实信用、公平合理的价值选择，认定该推定事实的存在。因此，专利默示许可作为一种推定事实，符合现代司法关于案件事实的界定和理解。与此同时，（TRIPs 协定）第 7 条规定："知识产权的保护和执法应当有助于促进技术的革新以及技术的转让和传播，有助于使技术知识的创造者和使用者相互受益而且是增进社会和经济福利的方式，以及有助于权利和义务的平衡。"只有发明专利得到最广泛的传播和使用，其社会价值才会发挥至极致，才会有更多的人共享技术成果，累积性创新才会成为可能。根据外在的事实表象，可以善意、合理地推知专利默示许可的存在，不考虑权利人内心真意与外在事实的一致程度，从而消解权利人滥用权利、攫取垄断高价实施专利阻遏的可能，使专利技术得以正常、合理、高效流转。

国家知识产权局发布的《专利侵权行为认定指南（试行）》目前规定了两类默示许可和基于产品销售产生的默示许可，基于先前使用而产生的专利默示许可，这两类默示许可均为默示免费许可。在 2016 年 3 月发布的《专利侵权行为认定指南（征求意见稿）》中也规定：只要权利人申明将其专利并入标准，则依据权利人申明的具体情况判定许可的条件；只要参与标准制定的权利人未声明将其专利并入标准，则默认为免费许可。由此可知，国家知识产权局该规定的默示许可等同于免费许可，而在《专利法修改草案（征求意见稿）》中，立法说明明确指出：默示许可不等于免费许可。据此，基于技术标准而产生的默示许可制度是完全具有法律基础的。对于标准化组织提出的反对意见，其主要目的在于保护专利权人的权益，而保护专利权人的权益是《专利法》的分内之事。因此，只要符合《专利法》的基本原则，该默示许可即为可以成立。而从标准化的实践角度来看，标准的类型多种多样，未来的团体标准也会越来越多。在这种背景下，标准涉及专利能否适用默示许可，需要考虑该标准所占据的市场领域和可替代性。团体标准和企业标准的适用范围小，可替代性强，如果仅仅因为将专利并入团体标准和企业标准而视为默示许可则容易违背市场经济的自由规则。相比而言，政府标准应当是基础通用和涉及生命、财产安全的，其市场占有率高，可替代性差，故而可以在国家标准、行业标准和地方标准中适用默示许可制度。反而言之，如果在这些领域不设立默示许可制度，政府的标准制定过程也设置了 FRAND 原则。FRAND 原则，即"公平、合理、无歧视"许可，是标准必要专利权人不得拒绝许可，其效果与默示许可的效果基本是等效的。

如果承认基于政府标准而成立默示许可，则需要对默示许可的具体条件规则做进一步区分。该默示许可的条件有两个：首先，主张默示许可人应该是该标准的实施者，而不能是任意的当事人。而且，主张默示许可人的目的应该是为了实施该标准，是在实施并入该专利的标准过程中使用该专利，而不是在其他方面实施该专利。其次，主张默示许可的人应当支付专利权人基于公平、合理、无歧视原则提出的费用。

二、标准涉及专利的明示许可

《国家标准涉及专利的管理规定（暂行）》第九条规定："国家标准在制修订过程中涉及专利的，全国专业标准化技术委员会或者归口单位应当及时要求专利权人或者专利申请人做出专利实施许可声明。该声明应当由专利权人或者专利申请人在以下三项内容中选择一项……"

对于专利的明示许可，主要有两类：一类是单方的声明许可；另一类是双方的协议许可。对于声明许可，该声明往往是由专利权人向标准化组织做出并备案。故而，其他相关部门没有对该声明许可制度做出过多规定。对于协议许可，《最高人民法院关于审理侵犯专利权纠纷案件应用法律若干问题的解释

（二）》第 24 条第 2 款规定："推荐性国家、行业或者地方标准明示所涉必要专利的信息，专利权人、被诉侵权人协商该专利的实施许可条件时，专利权人故意违反其在标准制定中承诺的公平、合理、无歧视的许可义务，导致无法达成专利实施许可合同，且被诉侵权人在协商中无明显过错的，对于权利人请求停止标准实施行为的主张，人民法院一般不予支持。"由此可知，协议许可需要遵守诚实信用原则。同时，《最高人民法院关于审理侵犯专利权纠纷案件应用法律若干问题的解释（二）》第 24 条第 3 款规定："本条第二款所称实施许可条件，应当由专利权人、被诉侵权人协商确定。经充分协商，仍无法达成一致的，可以请求人民法院确定。人民法院在确定上述实施许可条件时，应当根据公平、合理、无歧视的原则，综合考虑专利的创新程度及其在标准中的作用、标准所属的技术领域、标准的性质、标准实施的范围和相关的许可条件等因素。法律、行政法规对实施标准中的专利另有规定的，从其规定。"由此可知，双方协议许可具有优先适用效力。

对于未参与标准制定的权利人，其许可与否问题在该文件未做说明。我们认为，被许可人可以考虑《专利法》中的强制许可制度，《专利法》第四十八条规定：有下列情形之一的，国务院专利行政部门根据具备实施条件的单位或者个人的申请，可以给予实施发明专利或者实用新型专利的强制许可：①专利权人自专利权被授予之日起满三年，且自提出专利申请之日起满四年，无正当理由未实施或者未充分实施其专利的；②专利权人行使专利权的行为被依法认定为垄断行为，为消除或者减少该行为对竞争产生的不利影响的。

三、标准涉及专利的许可费用

专利许可费是实现专利权人合法利益的基本形式。国家知识产权局在《专利法修改草案（征求意见稿）》第八十二条中虽然同意参与标准制定的权利人未声明即视为许可，但允许权利人收取合理的许可费用。

在《专利法》中，国家根据公益需要而进行强制许可时，也允许收取许可费。例如，《专利法》第十四条规定：国有企业事业单位的发明专利，对国家利益或者公共利益具有重大意义的，国务院有关主管部门和省、自治区、直辖市人民政府报经国务院批准，可以决定在批准的范围内推广应用，允许指定的单位实施，由实施单位按照国家规定向专利权人支付使用费。

对于标准必要专利许可费的确定程序，国家知识产权局在《专利法修订草案（征求意见稿）》第八十二条中规定：许可使用费由双方协商；双方不能达成协议的，由地方人民政府专利行政部门裁决。当事人对裁决不服的，可以自收到通知之日起三个月内向人民法院起诉。对于该条内容的立法理由，起草者认为，使用费的数额不能由专利权人单方决定，而是由当事人自行协商；双方不能达成协议的，由地方人民政府专利行政部门裁决；对裁决不服的，可以向人民法院起诉。但是，《中共中央国务院关于推进价格机制改革的若干意见》指出，"凡是能由市场形成价格的都交给市场，政府不进行不当干预"，要求政府原则上不宜干预标准必要专利的许可费问题。同时，根据《第26届中美商贸联委会联合成果清单》显示，中美双方承诺，除具有法律约束力的措施另有规定外，自愿性标准中的专利许可承诺应自愿做出，政府机构不参与相关许可承诺协商。相应地，商务部在《商务部关于附加限制性条件批准诺基亚收购阿尔卡特朗讯股权案经营者集中反垄断审查决定的公告》中指出：在对等和符合标准制定组织知识产权政策以及相应的司法解释不断发展的前提下，当事方可以就许可条件是否与权利人承担的 FRAND 义务不一致而可能引起的争议交由双方均可合理接受的独立裁决机构解决。

总而言之，标准涉及专利的许可费用需要受到公平、合理、非歧视原则的限制。该原则要求许可费率的计算，既要确保专利权人继续参与标准的制定，又要确保标准实施者能够使用该标准。许可费率不得高于该专利被并入标准之前、有替代技术与之相竞争时的许可费率；对没有竞争关系的产品，可以适用不同的许可费率。同时，对专利许可费用的第三方裁决，应当优先采用社会专业机构，避免政府直接对许可费用数额做出裁决。

第六节　标准设计专利的禁令救济

一、禁令救济的基本内涵

禁令救济（injunctive relief）是英美法系国家在知识产权诉讼中常用到的救济手段，是指法庭要求实施某种行为或禁止实施某种行为的命令。在专利侵权纠纷的解决过程中，涉及的禁令有三种：临时限制令（Temporary Restraining Order）、初步禁令（Preliminary Injunction）、禁令（Injunction）。其中，临时限制令和初步禁令是临时性措施，故又称临时禁令，属于民事诉讼法中的行为保全制度范畴。禁令是指永久禁令，是在案件经过实质审理，对争议问题进行充分调查之后，法庭认定被告侵权，做出判决时给予胜诉方的一种救济，是针对专利权的剩余保护期下达的，以禁止被告再次侵权。在我国，与禁令相对应的概念主要是停止侵权，其内涵是指专利权人请求司法机关或者准司法机构颁发限制使用相关专利的命令。

原《民法通则》第一百三十四条所规定的第一种民事责任形式就是停止侵害。《专利法》第六十条规定"管理专利工作的部门处理时，认定侵权行为成立的，可以责令侵权人立即停止侵权行为"；第六十六条规定"专利权人或者利害关系人有证据证明他人正在实施或者即将实施侵犯专利权的行为，如不及时制止将会使其合法权益受到难以弥补的损害的，可以在起诉前向人民法院申请采取责令停止有关行为的措施"，都与之有关由此可知，禁令救济是法律明文规定的专利侵权责任承担方式。

二、禁令救济的限制措施

一般而言，专利权作为一种私权，权利人有选择救济方式的自由。但是，当专利是技术标准中的必要专利时，为避免专利劫持现象，保障标准实施者近用标准的机会，司法判决中常常引入反垄断抗辩制度。借此，在标准必要专利的情形下，专利权人的禁令救济在一定条件下得以限制。

对于标准必要专利的禁令限制，最高人民法院曾经在司法解释中以禁令豁免的形式限制了标准必要专利中禁令的适用范围，国家市场监督管理总局也曾经在竞争执法指南中写明了禁令滥用的行为类型，国家发改委在反垄断执法指南草案中规定了限制禁令的考虑因素。目前，前两种立法尝试目前均已宣告失败，国家发改委的反垄断执法草案尚处于审议阶段。

第一，《最高人民法院关于审理专利纠纷案件适用法律问题的若干规定（二）（征求意见稿）》第31条规定，在专利并入国家、行业或者地方标准的过程中，专利权人未主动披露其专利或者未按有关标准异议程序提出异议，且标准制定组织未明示该标准含有专利的，对于被诉侵权人以其实施该标准为由主张的不停止实施行为抗辩，人民法院一般予以支持。目前，该司法解释的正式稿已经颁布，相关规定在最终的正式发布稿中被删除。

第二，国家市场监督管理总局发布的《关于禁止滥用知识产权排除、限制竞争行为的指南（第六稿）》第30条规定：标准必要专利权人在以下情形下，申请针对标准实施者的禁令救济有可能构成《反垄断法》第17条规定的滥用市场支配地位：①标准必要专利权人未警告标准实施者并指明其具体的侵权方式，而径直申请禁令救济；②标准实施者明确提出进行公平、合理、无歧视许可谈判的意愿，但标准必要专利权人不予理睬或者未向其发出书面许可要约，直接申请禁令救济；③标准实施者明确表示愿意接受法院或者双方同意的仲裁机构基于公平、合理、无歧视原则所做出裁决的情况下，标准必要专利权人仍然申请禁令救济；④国务院反垄断执法机构认定的其他情形。标准必要专利权人有证据证明标准实施者明确缺乏谈判诚意，不按照商业惯例或者诚信原则积极磋商，存在故意拖延许可谈判进程、不愿意支付专利许可费，或者没有能力支付专利许可费和损害赔偿金等情况时，应当允许标准必要专利权人申请禁令救济，不适用上述规定。对此，笔者曾经向国家标准委提出书面意见，第二款的规定应当是任何情况下适用禁令的前提条件，不能在第三款规定"不适用上述规定"。目前第三款的规定仅仅从标准必要专利的权利人角度出发，对标准必要专利人申请适用禁令的理由做了规定。但是，标准必要专利许可费的谈判是一个极其复杂的过程，不能仅仅因为标准必要专利的权利人一方举证和个别事由，就裁定适用禁令，至少应当给予标准必要专利实施者抗辩的权利。如果无法平衡标准必要专利人和实施者之间的权利义务，可以考虑删除第三款的规定。目前，第七稿已经删除上述规定。

第三，国家发改委在《国家市场监督管理总局关于滥用知识产权的反垄断指南（征求意见稿）》中指出，禁令救济是标准必要专利权人依法享有的维护其合法权利的救济手段。但是，拥有市场支配地位的标准必要专利权人利用禁令救济申请迫使被许可人接受其提出的不公平的高价许可费或其他不合理的许可条件，可能排除、限制竞争。分析和认定标准必要专利经营者申请禁令救济是否排除、限制竞争，可考虑以下因素：①谈判双方在谈判过程中的行为表现及其体现出的真实意愿；②相关标准必要专利所负担的有关禁令救济的承诺；③谈判双方在谈判过程中所提出的许可条件；④申请禁令救济对许可谈判、相关市场及下游市场竞争和消费者利益的影响。笔者认为，禁令救济的合理性需要进行个案判断，规定一个抽象的判断标准是更加务实的做法，国家发改委的这种尝试值得肯定。

第七节　标准必要专利与反垄断问题

专利就是一种垄断的特许权利，而标准化则追求一种市场支配地位，这导致标准必要专利与反垄断之间的关系紧密相连。《国家标准涉及专利的管理规定（暂行）》在第一条中强调维护市场公平竞争的目的，但是对于标准必要专利与反垄断之间的具体法律适用缺乏有效的规定。我们认为，标准化组织要引导标准必要权利人的专利权行为，预防标准必要专利垄断行为的发生。对于标准行政主管部门，需要通过制度防止企业利用标准化组织和标准化活动从事垄断活动。

一、专利许可中的垄断行为

国家市场监督管理总局发布的《关于禁止滥用知识产权排除、限制竞争行为的规定》第13条和《关于滥用知识产权的反垄断执法指南（第七稿）》第28条指出，具有市场支配地位的经营者没有正当理由，在其专利成为标准必要专利后，实施拒绝许可、搭售、差别待遇，或者在交易时附加其他的不合理交易条件等排除、限制竞争的行为。

商务部在《商务部关于附加限制性条件批准诺基亚收购阿尔卡特朗讯股权案经营者集中反垄断审查决定的公告》中指出，在对等和符合标准制定组织知识产权政策以及相应的司法解释不断发展的前提下，判定一方是否为善意许可人或善意被许可人的相关因素之一可以是一方在没有不合理拖延的情况下，愿意就有权利人提出的许可条件是否与权利人承担的 FRAND 义务不一致而可能引起的争议交由双方均可合理接受的独立裁决机构解决，愿意受该裁决约束，基于该裁决结果订立 FRAND 许可协议，并支付任何基于该裁决结果和协议可能产生的裁定赔偿和 FRAND 许可费。

（一）违反专利披露义务和虚假承诺可能引起的反垄断问题

标准化组织在将专利技术并入标准的过程中，专利权人除了借助联合手段达成垄断共谋从而损害市场正常竞争秩序外，还会采取以下两种方式影响市场竞争：其一是不履行信息披露义务；其二是为不正当经济利益做虚假承诺。假如某项专利技术确实有并入技术标准的必要，对于标准化组织和利益相关者而言均有尽早知道这一事实的权利和必要性。这样做，是为了便于标准化组织和其他利益相关者能够在相关市场上搜索是否还有可供替代的技术方案或者在没有可替代技术方案背景下考虑如何处置并入标准的专利权。由此可见，是否尽到合理、充分披露专利信息的义务，能否准确处理并入标准的专利技术的关键，对专利劫持行为出现的概率大小有较大影响。因此，国际性标准组织、区域性标准组织甚至国家标准性组织都会通过各种手段或方式，如制定相关政策等，并通过惩处规则约束权利人履行信息披露义务。以三大国际性标准化组织为例，它们曾经共同制定了一项专利政策，要求标准化组织必须及时、充分披露技术标准中的专利信息。所有利益关联者可以自行解析技术标准，并随时将发现的专利技术信息向标准化组织予以反馈。之后，三大国际性标准化组织在共同制定的政策中规定，任何利益关联者在标准化组织的技术标准制定过程中都负有向其提示注意专利技术的义务。上述有关专利信息的披露义务主要围绕何种专利应当被披露、披露的专利信息如何才算具体，何时进行披露以及没有积极履行披露义务将会承担怎样的法律后果等事项。由于标准化组织的章程、业务重点的不同，导致世界范围内的标准化组织在对专利信息披露制定政策时有所差异。较之美国标准化组织在此方面规定的专利政策，欧盟则要严格许多。我国专利信息披露政策性法规《国家标准涉及专利的管理规定（暂行）》第五条明确规定："在国家标准制修订的任何阶段，参与标准制修订的组织或者个人应当尽早向相关全国专业标准化技术委员会或者归口单位披露其拥有和知悉的必要专利，同时提供有关专利信息及相应证明材料，并对所提供证明材料的真实性负责。"该条款详细规定了我国专利信息披露政策的具体细节，如披露主体是"参与标准制修订的组织或者个人"，主要内容是"拥有和知悉的必要专利"等。

实际情形是，部分专利权人为使自己的专利技术并入标准，而在标准化组织制定技术标准过程中对此信息采取故意隐瞒手段，致使标准化组织产生错误认识，以为该项技术不存在权利人或权利人不会行使权利。但是，当标准化组织将此专利技术并入技术标准之后，专利权人却又为了个人利益主张自己对此项技术享有专利权，要求对实施该标准的成员行使专利权。专利权人应对这一违反履行专利信息披露义务的行为承担法律责任。在司法实践中，这种行为可能会由于侵害多种法益而构成对多种法律规定的违反，但是值得注意的是，损害市场正当竞争秩序很有可能违反《反垄断法》的相关规定，进而受到《反垄断法》的规制。

如果我国在《反垄断法》框架下规制专利信息披露义务，则需要以滥用市场支配地位的禁止性要求为前提，判断其是否在相关市场中占据优势；再对专利权人的诸多行为进行分析，判断其是否具备滥用市场支配地位的要件。我国《反垄断法》第十七条规定了滥用市场支配地位的情形，其中与专利权人违反信息披露义务相关的只有第七项的"国务院反垄断执法机构认定的其他滥用市场支配地位的行为"。由此可知，认定的关键要素在于：第一，标准化组织在制定标准的过程中，专利权人履行的专利信息披露义务究竟属于强制性义务，还是鼓励性义务呢？这一点必须认定清楚。这是因为，如果该项披露义务仅仅只是鼓励性义务，那么专利权人在接到要求披露的通知后，不积极履行披露义务就不会存在违反《反垄断法》的可能性。第二，要考虑专利权人的主观因素，故意不履行义务的专利权人与因疏忽等客观原因导致未能履行披露义务的专利权人在是否应受到《反垄断法》规制方面存在天壤之别。只有主观状态为故意不履行披露义务的专利权人才有可能受到《反垄断法》的规制，而非因故意不履行义务的专利权人则不可能落入《反垄断法》的规制范畴。第三，要对标准化组织或其他利益相关者对专利权人的隐瞒行为的依赖程度进行判断。如果标准化组织或其他利益相关方相信专利权人的行为，对于故意不披露的行为误以为其对并入标准的技术不存在专利权从而在标准制定中放弃了对其他技术方案的选择，那么，如果专利权人在标准化组织和其他利益相关者做了如此多的工作之后，再向市场其他经营者主张其对技术标准中的必要技术享有专利权并要求许可费，则很可能违反《反垄断法》的相关规定。除此以外，市场上是否存在能够完全替代专利权人技术方案的技术也是值得考量的因素，这一点对于权利人行为是否违反《反垄断法》的判定具有价值。

对于在技术标准制定过程中履行了披露义务的专利权人，也可能在承诺不再对享有的技术方案行使专利权后，又因为技术标准采纳其专利技术后要求行使专利权。这样的行为同样属于专利劫持，将会影响和损害市场的正当竞争秩序。尽管与前述不履行专利信息披露义务行为在构成要件等方面完全不同，但是两者对市场竞争造成的不良影响却并无区别，都有可能导致市场竞争秩序被损害，因此应当将这二者看作同一问题。

（二）违反公平、合理、无歧视原则可能导致的反垄断问题

专利技术只有获得专利权人授权后，才可能被并入技术标准。同时，为了避免专利权人在其专利技术并入标准后借助专利权保护手段向全球标准实施者收取高昂的技术许可费，损害标准实施者的经济利益，标准化组织在将专利技术并入标准之时，一般都会要求专利权人对日后涉及标准必要专利的许可做出一项承诺。只有专利权人答应并且做出承诺，标准化组织才会将其技术并入标准；如果专利权人拒绝，则不会被并入标准。这一点，在我国公布的《国家标准涉及专利的管理规定（暂行）》也有所体现。

专利与标准的结合往往会导致相关市场的技术竞争程度减弱，这与专利被并入标准后，专利权人在相关市场占据绝对优势地位有关。为了避免专利权人滥用这一市场支配地位，损害市场竞争秩序，几乎所有的标准化组织在将专利权人享有的技术并入标准时都要求专利权人做出一项承诺，即保证日后会根据公认、合理的原则对其他标准适用者进行技术许可。这就是"公平、合理和无歧视"（FRAND）原则或"合理、无歧视"（RAND）原则产生的缘故。从目前国际通行标准来看，这些标准化组织一般都会要求并入标准的专利技术权利人提交一份承诺声明或者对特定的许可条件表示接受，这已经成为专利技术被并入标准的必要条件，有的标准化组织会将"公平、合理和无歧视"（FRAND）原则作为前提，有的是将"合理、无歧视"（RAND）原则作为前提。而标准化组织除了规定这些原则外，也为专利权人提供了一些备选条件作为前提。例如，美国电气和电子工程师协会（IEEE）提供给专利权人四个可

供选择的条件：①将来向适用标准的所有申请者实施免费技术许可；②将来向所有申请者实施技术许可，但收取合理费用，该许可原则体现为公平、合理和无歧视的；③专利权人不会对申请者强制行使权利；④以上三项条件均不同意。但是，对于专利权人是否从以上四项中做出选择以及做出何种选择，IEEE 在制定标准时无权干涉。但是，必须说明的是，专利权人在以上四项中选择做出的保证，是 IEEE 决定是否将专利权人技术并入标准的重要考量因素。

我国也制定了专利实施许可的相关要求，相关部门在制定专利技术标准时，应当要求相关权利人确定专利实施许可条件，并告知标准制定者。我国提供给专利权人可选择的备选条件共有三种，分别是：①根据公平、合理和无歧视的原则，将标准必要专利免费许可所有适用标准的申请者使用；②在收取技术许可费的前提下，授权所有适格的申请者使用；③上述两项选择均不同意。

需要注意的是，如果专利技术的相关权利人不愿做出将来同意实施技术许可的承诺，任何标准化组织都不会将此项专利技术并入标准。专利权人并入标准前同意实施技术许可而在并入标准之后反悔，拒绝进行专利技术许可活动的情况，属于对承诺拒绝遵守的典型行为，一般都会作为标准在实施过程中所遇到的问题来对待。一般来说，专利权人做出承诺后，不会在许可方面反悔，但有可能违背免费的承诺，因此，本书主要讨论专利权人对技术并入标准后的许可条件做出承诺后，却又在实施过程中违反"公平、合理和无歧视"原则的情况。

尽管目前几乎所有的标准化组织都已经接受了"公平、合理和无歧视"原则，但并不表示该原则足以令人信服，其存在争议的原因在于目前尚且无法对"公平、合理和无歧视"原则的准确内涵进行界定。在当前的标准适用背景下，标准化组织只是单纯制定标准的组织机构，其对于标准确定后涉及专利技术许可等事宜不进行管理，以至于"公平、合理和无歧视"原则的适用主要取决于标准竞争市场，归根结底是交由标准必要专利权人与标准适用者之间自行博弈。"公平、合理和无歧视"原则的内涵如其字面所示，即标准必要专利权人在处理与标准适用者（技术被许可方）之间的关系时应当遵守公认的法律原则。具体来说，"公平"原则要求标准必要专利权人在与标准适用者（技术被许可方）之间达成技术许可时遵从公平正义，不得失之偏颇；"合理"原则主要针对标准必要专利权人向技术被许可方收取的技术许可费，要求其索取费用应当符合市场常理，不得无故加重对方义务；"无歧视"原则要求标准必要专利权人在技术许可时同等无差别对待所有被许可人。但是，由于这些原则规定的抽象性，导致在具体适用过程中容易产生争议。

　　融入专利技术的标准在实施过程中容易出现对"公平、合理和无歧视"原则适用的偏差，从而产生违反这一原则的情况，但是这些违反原则的行为并不都是同属一种违法行为。例如，如果违反该原则导致排除和限制市场竞争行为的情形，属于《反垄断法》的范畴。在判断专利权人的某一行为是否能够满足《反垄断法》规定的垄断行为的构成要件时，需要借助对"公平、合理和无歧视"原则的理解和分析，并结合其他与并入标准专利技术相关的政策或规定。但是，这些只是极其重要的参考因素，而并非唯一、直接的判断依据。"公平、合理和无歧视"原则从本质上说是专利权人向标准化组织做出的承诺，在性质上应当属于《合同法》规制的范畴，但是，标准化组织在要求专利权人做出这项原则时又未能做出详细具体、适于操作的解释，导致这些承诺在实践中难以操作。所以，仍然需要借助《反垄断法》相关知识并在《反垄断法》的框架内予以分析，这里所需的工具就是"合理原则"。

　　有一点必须明确，不管是从标准化组织所采取的专利政策角度考量，还是从公平正义以及保持正常的市场秩序的角度分析，演化为标准的专利技术应当是必要专利，基于此，在包含专利技术的有关标准的具体实施方面所要求的专利技术，应当是该标准无法缺少的专利。正是由于其不可或缺性，所以导致该专利在相关市场上具有唯一性，不存在可以与之相互竞争的技术，潜在使用人没有选择的空间。也正是由于这一特性，所以在众多案件当中，通常法院直接将标准必要专利的许可市场视为相关市场，此种情况下，专利权实际上在相关市场上占据了绝对地位。所以我们判断的关键应当是某一行为是否属于对其支配地位的滥用，而这一问题的判断又往往依赖于合理原则，需要针对具体案件进行具体分析。

　　拒绝许可是知识产权领域中的特殊行为，但与《反垄断法》中的拒绝交易性质相同。通常而言，无论权利人许可或拒绝许可都属于对其权利的正当行使，他人无权干预。但任何权利的行使都应当有一定的界限，专利权人在某些情况下的拒绝许可行为极有可能因触犯《反垄断法》而受到法律的规制。尤其是该专利被并入标准之后，专利权人往往因此在相关领域占据主导位置，此时若仍然拒绝授权他人使用，更有可能违反法律规定。通常而言，某一权利人一旦在相关领域取得了支配力量，并且其所拥有的专利技术演变成该行业的必需技术时，法律会严格限制权利人拒绝许可的行为，避免危及竞争秩序。而标准必要专利技术正属于行业必需技术，首先，其在相关领域和行业中具有不可取代的位置，相关市场中不存在其他可供选择的技术，其他市场参与者必须使用该技术；其次，权利人的拒绝授权会严重扰乱正常的市场竞争，并打击公众的创新意愿，最终损害社会整体利益；最后，某一专利能够成为标准，通常意味着权利人已经做出了承诺，即在标准化之后允许他人在支付合理对价后使用其专利，因此许可本身并不会导致专利权人的利益受到不公平的侵犯。

不公平要价，是指居于支配性位置的行为人，通常是卖方，在交易的过程中将价格标高，索要的价格远高于正常价格，从而获得在正常情况下无法获得的高利润。索要不合理高价的行为并非在每个国家都属于违法行为，即便是认定此种行为违反《反垄断法》的国家和地区也并非一刀切式的限制，仅针对某些例外情况进行规定，具体包括：第一，不合理的高价会导致市场进入和扩张遭到干扰，并且这种干扰是重大且长时间持续的；第二，此种干扰无法消除；第三，不合理的定价行为导致市场中正常的投资行为受到打击，并不利于创新精神的形成。甚至在部分国家和地区，对定价是否合理的调查仅限于拥有排他权或者垄断权的部门。从理论上来说，标准必要专利的权利人在授权许可时抬高使用费，这种行为极有可能违反《反垄断法》的规定。实践当中也有不少相关案例，例如，美国西雅图联邦地区法院的微软诉摩托罗拉案、中国广东省高级人民法院终审的华为诉IDC案（以下简称IDC案）等。在IDC案中，法院支持了华为公司的主张，认为IDC所定的价格远高于合理水平，具体表现为：IDC对华为公司和其他公司的要价明显不同，对华为的报价过高；华为公司与其他世界领先品牌如苹果相比，销量较低，因此这一高价不具备合理性；IDC通过337调查和禁令之诉作为威胁，使得华为公司不得不同意将其专利无偿交叉许可给IDC。综合各项证据，法院认为IDC在授权过程中采取了不合理的定价政策，是一种垄断行为。而在高通案中，高通公司对于已经超过保护期限的专利技术依然索要使用费、迫使使用人反向许可等行为都属于直接或间接的不公平要价行为。但前述这些行为都属于例外情况，在具体判定时依然应当从严认定。

差别待遇，指具有市场支配地位的经营者采取不同的价格策略或者提出其他不同要求，从而导致在部分交易中使对方处于劣势。在任何一次交易当中，价格因素都是交易双方必须慎重考量的因素，因此在价格方面的非合理对待便属于差别待遇的重要表现。在价格方面给予不合理的对待实际上就是"价格歧视"，这种不合理主要表现为经营者面对不同的交易对方在价格上有所差别，而这种差别又与商品本身的成本无关。一种行为构成价格歧视需具备以下要件：行为人在相关市场具备支配地位、在价格方面存在差别对待、价格的差别不具有合理性以及价格歧视对市场竞争带来负面影响。标准必要专利权人所实施的价格歧视属于违法行为，一般还伴随着不合理的高价行为，在判断权利人是否实施了价格歧视时，通常将是否存在不合理的高价作为重要参考。

搭售，简言之就是一种捆绑销售，是具备市场支配优势的行为人在出售某一商品时附加其他产品，迫使购买方在购买原本所需产品时还必须接受附加产品的行为。从广义层面而言，搭售除了包含前述情形外，还包括在销售商品时设置了其他不公平的限制条件。《反垄断法》规定的搭售行为包括以下要件：进行搭售的行为人在相关市场中占据支配优势、搭售行为涉及的各个产品之间相互独立、被搭售的产品所在的市场因搭售行为而受到重要干扰。搭售行为可以帮助经营者实现竞争优势的扩大，不仅在原本市场中占据主导，甚至可以影响其他市场。标准必要专利权人通常将必要专利与其他专利技术统一许可进行搭售，即使用人若想使用标准必要专利，就不得不接受其他非必要的专利技术，并支付相应费用，从而使权利人因专利权带来的垄断优势扩大到其他专利市场。权利人的这一行为实际上是一种不公平的交易行为，交易双方并非处于平等地位，使用人因处于被动地位而放弃了选择权，权利人获得了其所拥有的专利的整体定价话语权。在 IDC 案中，一审法院原本认为将标准必要专利打包后统一许可他人使用属于搭售行为，但二审时，法院则否定了一审法院的意见，认为 IDC 将标准必要专利与其他专利技术捆绑后许可的行为才属于搭售行为。在高通案中，国家发改委也将高通公司在专利许可过程中不合理的捆绑许可其他专利以及在销售过程中附加其他不公平条件的行为认定为滥用市场支配地位。

附加其他不合理的交易条件，指除捆绑销售外，还包括要求交易对方接受不合理条件的行为。国家市场监督管理总局发布的《关于禁止滥用知识产权排除、限制竞争行为的规定》对构成不合理的交易条件的行为进行了较为明确的说明，包括若对方在之后的生产经营过程中对所获得的技术进行了改进和完善，则完善后的技术应当予以独占性回授；要求对方不得对质疑其所拥有的知识产权的有效性；对对方在授权到期后所从事的利用与权利人存在竞争关系的产品或技术的行为进行限制，纵使该行为并不会对其权利造成侵犯；在其所拥有的知识产权到期后或者被依法认定为无效后，依然向使用人主张权利；要求对方不得与其他人进行交易。前述行为均属知识产权滥用行为，影响市场正常秩序。如果标准必要专利权人实施前述行为，则构成违法。而强迫使用人反向许可或者反向许可后不支付相应费用的行为则是较为突出的滥用行为，在 IDC 案和高通案中均能找到踪影。

上述均是较为典型和突出的滥用市场支配地位的行为，但除此之外，通过行使停止侵权请求权来实现禁令救济也是一种滥用行为。申请禁令原本是权利人在自身权利受到侵害时维权的重要手段，但作为标准必要专利权人，其往往存在利用禁令之诉来排除和限制竞争的可能，因此为了防止这一正当的救济措施被滥用，法律往往做出特殊规定以加以规制。对于潜在使用人而言，权利人的禁令之诉将使其面临被挤出市场的可能，因此为了继续参与市场竞争，使用人不得不同意权利人某些不合理的条件，从而使专利成为权利人进行专利劫持的工具，而对这种专利劫持进行限制，能够有效降低权利人滥用权利给使用人带来的威胁。在近年来的有关案件中，不同法院均采取了类似做法，即对权利人的禁令之诉加以必要规范。在苹果公司与摩托罗拉的纠纷案中，美国法院拒绝了权利人发布禁令的请求，并强调权利人之前所做的 FRAND 承诺表明通过经济补偿可以实现对权利所受侵害的弥补。欧盟委员会在 2013 年针对摩托罗拉公司与苹果公司的纠纷案指出，在特殊情形下的禁令之诉将受到欧盟竞争法的限制，进而要求摩托罗拉公司消除因其禁令之诉而带来的不利影响。次年，欧盟委员会在针对三星公司与摩托罗拉公司间的反垄断案件中强调，如果标准必要专利权人做出了 FRAND 承诺，同时使用人也同意依照该承诺的条件使用专利，那么此时权利人再提起禁令之诉显然属于背离正常竞争目的的行为，并可以借此控制授权许可的磋商，使得许可条件不利于消费者的利益。因此，不正当的禁令之诉也属于法律禁止的滥用市场支配地位的行为。我国《反垄断法》第 17 条第 1 款第 7 项规定，对于某些法律没有明文规定的行为，若国务院反垄断执法机构认定其属于滥用市场支配地位的行为，也应当受到法律制约，而前述禁令之诉则可以归于此类行为。事实上，前文提到的华为与 IDC 的纠纷案便涉及此类行为。但任何行为的构成都应当符合一定的条件，如果技术使用人并没有积极磋商达成协议的意愿或故意拖延磋商时间，此时使用人的这种不善意的行为将使得专利权人有权通过禁令来维护利益。这实际上是在专利权人的专有利益与社会公共利益之间寻求平衡，一方面保证了正常的市场竞争秩序，另一方面也有利于鼓励创新，培养创新精神。

综上所述，专利许可中的垄断行为分为两类：一类是拒绝许可，另外一类是许可行为违反了 FRAND 原则。对于这类行为，标准化行政主管部门和其他标准制定组织的主要工作是贯彻和细化 FRAND 原则，制定出更加明确和更有约束力的 FRAND 规则。

二、专利许可收费的垄断行为

国家市场监督管理总局在其发布的《关于滥用知识产权的反垄断执法指南（第七稿）》中第 23 条指出：知识产权权利人有权自主决定知识产权的许可费标准，获得合理的激励性回报。但是，如果知识产权权利人滥用其在相关市场上的支配地位，以不公平的高价许可知识产权，会排除、限制相关市场的竞争，损害消费者利益。分析认定拥有知识产权的经营者是否以不公平的高价许可知识产权，可考虑下列因素：①主张或者收取的许可费是否与其知识产权对相关商品价值的贡献不相符；②主张或者收取的许可费是否超出其收取的历史许可费或者其他可比照的许可费；③主张或者收取的许可费是否超出其知识产权的地域范围或者许可范围；④在一揽子许可时是否就过期和无效，或者被许可方未寻求许可的知识产权主张或者收取许可费；⑤是否在许可协议中包含了其他导致许可费不公平的条款，如未提供合理对价的交叉许可和回授等；⑥是否采取了不正当的手段迫使被许可方接受其提出的不公平的高价许可费，如滥用禁令救济和诉权等。如果权利人在其专利成为标准必要专利后，以不公平的高价许可其标准必要专利，则构成垄断。

从上述规定可知，专利许可收费中的垄断行为包括两类：一类是收费不合理，另一类是不合理的搭售行为。这两类行为主要由市场经济秩序执法部门负责监管，对于标准化行政主管部门和标准化组织而言，其应对策略依然是提前构建 FRAND 原则。

三、专利权救济中的垄断行为

《关于滥用知识产权的反垄断执法指南（第七稿）》第 28 条指出，在其专利成为标准必要专利后，滥用禁令救济或者诉权强迫被许可方接受其提出的各种不合理的交易条件，均构成垄断行为。目前，该规定尚处于草案讨论阶段，因此对于专利救济，能否构成垄断尚处于争议之中。一般而言，现代社会用公力救济取代了私力救济，救济行为发生效力依赖于主管部门的审查决定。故而，通过公权力寻求救济一般不能认定为垄断行为，所以这类行为也不属于标准化行政主管部门和标准化组织的职责管理范围。

四、标准必要专利的相关市场及市场支配地位

界定相关市场是判断标准必要专利垄断行为的基础工作。根据《国家市场监督管理总局关于相关市场界定的指南》的规定，相关市场是指经营者在一定时期内就特定商品或者服务进行竞争的商品范围和地域范围。在反垄断执法实践中，任何竞争行为（包括具有或可能具有排除、限制竞争效果的行为）均发生在一定的市场范围内。科学合理地界定相关市场，对识别竞争者和潜在竞争者、判定经营者市场份额和市场集中度、认定经营者的市场地位、分析经营者的行为对市场竞争的影响、判断经营者行为是否违法以及在违法情况下需承担的法律责任等关键问题，具有重要的作用。因此，相关市场的界定通常是对竞争行为进行分析的起点，是反垄断执法工作的重要步骤。

对于标准必要标与相关市场的认定，国家市场监督管理总局在《关于滥

用知识产权的反垄断执法指南（第七稿）》中指出，相关技术市场包括所涉及的技术及其替代技术。在界定相关技术市场时，需考虑技术的特性、用途、兼容程度、许可费等因素，可考察在技术许可费小幅且持久上升时，被许可方可能转向的替代技术。技术的交易通常不受运输成本的影响，地域市场范围可能较大。但是，因技术标准化造成同一技术在不同地域之间不兼容，相关地域市场范围可能较小。也即，当一项国家标准与国际标准一致时，其构成垄断的可能性降低；当一项国家标准与国际标准不一致时，其构成垄断的可能性增加；当一项行业标准、地方标准、团体标准引入专利时，其在该地区、该行业内的垄断地位将加强。

　　国家发改委在其发布的《国家市场监督管理总局关于滥用知识产权的反垄断指南（征求意见稿）》中指出，认定标准必要专利经营者是否具有市场支配地位，可继续考虑以下因素：①相关标准的市场价值与应用程度；②是否存在替代标准；③行业对相关标准的依赖程度及使用替代标准的转换成本；④不同代际相关标准的演进情况与兼容性；⑤并入标准的相关技术被替换的可能性。分析和认定经营者是否以不公平的高价许可标准必要专利，还可考虑符合相关标准的产品所承担的整体许可费情况及其对相关产业正常发展的影响。对于具体适用，国家发改委在对高通的处罚决定书中指出："从需求替代分析，无线通信终端制造商生产特定的无线通信终端，并入相关技术标准的每一项无线标准必要专利都不可或缺，都是必须实施的技术专利，任何一项无线标准必要专利的缺失，都会导致无线通信终端不能完全符合相关技术标准，不能满足市场需求。从供给替代分析，每一项无线标准必要专利都具有唯一性，在被相关无线通信技术标准采纳并发布和实施后，不存在实际的或者潜在的替代性供给。因此，每一项无线标准必要专利许可均单独构成一个独立的相关产品市场。在本案中，有证据表明，当事人拥有超过 200 家无线标准必要专利被许可人，且绝大多数被许可人与当事人签订的专利许可协议中的许可条件是当事人单方面确定的，被许可人缺乏制约当事人市场力量的客观条件和实际能力。因此，当事人在较大程度上具有控制专利许可费、许可条件以及阻碍、影响其他经营者进入相关市场的能力。无线通信终端制造商对当事人的无线标准必要专利组合许可高度依赖。"

　　通过上述规定和行政处罚决定可知，具有普遍适用性的标准极容易被认定为一个独立的市场，而该标准中所涉及的专利就具有相应的市场支配地位。据此，对于标准化行政主管部门和标准制定组织而言，为了避免不必要的专利并入标准，对政府标准中的专利人可以做更加严格的要求。与此同时，标准化制定组织的标准制定活动极易被划入垄断行为，为此有必要通过立法给予标准化制定组织以反垄断豁免。这种做法在国外也有先例，例如，美国国会于2004年发布了《标准制定组织推动法案》，在法律层面给予了标准制定组织专门的法律责任豁免，保护了标准制定组织的权利，激发了标准制定组织主持标准制定的热情。

第四章　域外标准化组织专利政策探究

第一节　标准化组织专利政策的发展历史

域外的标准必要专利保护不是一个新问题，其专利政策以标准化组织自治规则为主。早在 1932 年，美国标准化协会（ANSI）就在建议文件中指出，一般情况下，受到专利保护的技术和设计不应当被并入标准。但是也有例外，每一种情况需要做具体分析。如果专利权人愿意让渡其部分权利，避免出现垄断倾向，那么可以适当考虑在该专利设计或方法中并入标准。这一建议获得一致认可，标志着与标准有关的第一个正式的知识产权政策的建立。无论如何，该建议涉及了专利并入标准的利益平衡相关问题，这些议题仍然是当前关于知识产权在标准方面的辩论中的关键因素。

自 1932 年以来，很长的一段时间内没有更多的标准必要专利政策出台。直到 20 世纪 80 年代后期，专利技术并入标准开始引起更广泛的关注。这种更广泛的关注可能在很大程度上是针对 GSM 的知识产权问题的产物。遗憾的是，GSM 标准制定过程中尚未出现有效的知识产权政策。20 世纪 90 年代，绝大多数的标准制定组织也都没有发布知识产权政策，在为数不多的有相关政策的国家中，其标准必要专利的规则也只是概述性的、抽象性的。

随着 GSM 的出现，知识产权政策的实质和细节在信息通信技术（ITC）领域都有很大程度的完善。这种发展是由各种因素驱动的，其中大部分涉及通信领域的专利申请密度非常高，这些领域的创新和产品化速度以及实现互操作性和"网络效应"的程度也很高，这些都已经成为获得新技术创新成功的关键。因此，为了协调和平衡专利权人和标准制定组织、标准实施者之间的利益关系，知识产权政策在这一领域的条件变得至关重要。一方面知识产权政策可以避免专利权人不当地干扰标准实施者，同时也可以保护专利权人的利益。在反垄断行政法和法院的司法纠纷解决中，标准化组织发布的标准涉及专利处置规则可以为标准化组织取得豁免权地位和发挥司法指导文件的功能。

第二节　标准必要专利的政策原则

一、标准必要专利政策的价值目标

研究任何类型的政策时，首先要考虑的问题是政策旨在实现的目标，但是很少有标准化组织的知识产权政策明确规定了目标。通常情况下，标准化组织的网络门户网站或常见问题解答中都会提到几个目标，但这些目标往往是广泛的，而且可以对其进行评估的政策的"官方"目标并不总是明确的。有时候，这些信息片段通常被"隐藏"在政策的某个地方，还包括标准化组织对专利技术的态度等内容。

知识产权政策的一些目标可能包括以下内容（其中一些是交叉的）：①促进广泛执行标准，而不会有不必要的知识产权瑕疵；②确保每个必要专利以合理的费用被许可使用，否则以合理和非歧视的条件提供；③确保每个必要专利的收费与技术的经济价值具有合理的关系；④确保对给予标准必要专利的权利人以公平的费用补偿；⑤确保充分激励重要技术权利人参与和促进标准化进程；⑥确保不同类型的利益相关者之间公平分配标准化的经济效益，包括上游开发者、下游实施者、中小企业等；⑦确保并入标准的必要专利的透明度和确定性……

对上述潜在目标的考察可知，有些目标是追求统一的市场，要求标准必要专利以尽可能自由的方式被使用；然而，另有一些目标是《反垄断法》和《竞争法》所要防止的过渡集中，以及《专利法》所要保护的专利权人利益，这些目标内部是存在冲突的。此外，不同的标准化活动参与者和标准实施者对标准必要专利的价值立场是不同，甚至是相反的。有些公司拥有大量的必要专利、标准化活动和业务范围，他们倾向于追求专利权的经济利益；有些公司几乎没有必要专利，业务范围狭窄，仅仅有实施标准，他们倾向于追求标准的普惠价值。从标准必要专利的政策来说，其规则目标应同时考虑上述不同诉求。

无论如何，政策中缺乏明确目标所引起的问题之一是，很难评估政策是否采取了正确的机制，以实现"标准制定组织"的实际目标。例如，一些政策暗示专利披露对决定该专利是否能够成为标准必要专利非常重要，然而，其现行的披露程序是否适合实现这一规则并不清楚。必须承认的是，有些政策目标不明是利益相关方无法达成一致意见所导致的，故而只能通过模糊的做法取得折中的共识。除了没有明确的目标之外，许多知识产权政策还没有提供关键术语的明确定义，特别是对"合理和非歧视性"（RAND）条款的概念没有做出解释。这种做法可能为从事双边许可谈判的公司提供一事一议的灵活性，但也可能导致一方将 RAND 承诺仅仅解释为一个参加谈判的承诺，无法对许可内容和许可费做出实质的规定。

二、标准必要专利的披露规则

标准必要专利政策的核心内容有两项：一是专利的披露，二是许可承诺。虽然在概念上存在不同，但披露和许可承诺通常在实践中相互交织。例如，专利权利要求通常以包括许可承诺的相同声明形式来公开。进行这项比较研究的困难之一是，在一些标准化组织的政策下，发布许可声明的目的在于表明相关方承认其拥有特定的标准必要专利（按照专利政策必须披露）。但是，在其他标准化组织参与者中，发布许可承诺只是寻求有偿许可的权利，标准化组织的专利政策不要求他们披露具体的每一个标准必要专利。之所以存在后一种选择，原因在于许多成员拥有大量的专利组合，对其一一披露是一项繁重的任务。通过保留许可费用的目标披露，有利于保持披露方权利范围的开放性，而不必去审查每一个专利组合。

在标准工作程序之前，许多知识产权政策下都需要两种不同形式的披露。第一个通常被称为专利电话或者专利呼吁，在每次面对面和电话会议开始时发生。其通常是读取一个简短的语句，例如，请注意，这次会议是按照联盟通过的知识产权政策进行的。如果您没有此政策的副本，请在本次会议中与我联系。您也可以在××网站的××部分查看和下载该政策的副本。在这个时候，我希望所有的与会者在了解任何受到专利保护的内容可能被并入标准时，都能过及时通知我们。包括您个人拥有的专利或者您个人所了解的他人所拥有的专利，您的通知无需承担不准确的责任。上述专利呼吁是信息性的，而不是正式的和有约束力的。许多标准化组织描述了他们如何记录在会议期间收到的专利呼吁的回应，并与标准化组织的内部或外部法律顾问共享该信息。标准化组织成员经常指示他们的代表（主要是工程师）不在会议中自发回复，并在向标准化组织发表任何声明之前向其法律部门征询意见，使得法律部门把控披露是不是必需的，并判断所涉及的专利权利要求是不是至关重要的。

第二种类型的披露通常在标准起草活动的后期发生，是正式的披露。在正式披露中，通常需要明确承诺其将会按照 RAND 原则做出专利实施许可。因此，前期和后期两种类型的披露不是可以相互替代的。在各标准化组织的专利政策中，不是全部都有前期披露要求，但是一律都有后期披露要求。

前期披露是提供一种预警系统，以防会议中的某人知道由个人披露所代表的成员或第三方拥有潜在必要专利。前期披露可能不会被证明是准确的，并且对披露错误没有任何处罚措施。前期的专利披露，也有利于标准化组织在标准制定活动中考量是否有替代办法或者评估该专利并入标准的积极价值。在标准起草工作中，如果参与者明知其相关专利被标准所涵盖，专利呼吁也可以避免相关方恶意拖延披露时间。

更正式的后期披露通常旨在获得对标准必要专利具有法律约束力的承诺。这种具有法律约束力的承诺，可以避免并入无法获得许可的专利或者许可费过高的专利，进而为标准的实施扫清障碍。

披露的内容具体可以分为两个方面，一是自有的专利，二是自己所知道的第三方专利。参与标准起草的人，都有义务披露其自己的专利。例如，ETSI 的专利政策明确指出，所有人（包括未参与标准起草的第三方）都有义务披露自己所拥有的专利，原因在于通信领域的企业都是大型企业，属于高新技术密集产业，故而同行之间的信息把握是比较多的。对于第三方的专利信息，绝大多数标准化组织都规定了披露规则。ISO、IEC、ITU 的专利政策认为，参与标准起草工作组的成员有义务尽可能多地披露其所知道的相关专利信息，非标准起草工作组成员披露第三方所拥有的专利则是自愿性活动。

需要说明的是，对于第三方专利权利要求，披露第三方必要专利可能会导致机密性的破坏。例如，如果标准起草组的成员是被许可人，并签署了不披露协议，那么要求其披露第三人的专利信息可能会强人所难。OASIS、VITA 和 W3C 的专利政策都承认了这个问题，并规定如果发生上述情况，可以适当减轻各方的义务。

通过上述内容，我们可以看到披露规则都不是绝对的。所有这些规则都是在一个组织或个人实际上拥有自己的专利和有关标准的知识背景下所制定的。一方面，为了确保未来实施者的利益，有必要使披露过程尽可能具有包容性（完整）；另一方面，如上所述，期望一个公司的某个员工（或者是整个组织）可以了解一个广泛的专利组合的一切，这是不合理的。几乎所有标准化组织的专利政策都试图在这个问题上找到平衡，只是他们的方式存在不同。

有不同意见认为，标准化组织现有的这些政策倾向于过度披露的方式，而不是不被披露。虽然这种方法降低了真正重要的专利权利要求被忽视的风险，但是最终列表中还将包括许多实际上不重要的专利权利要求。如果"标准必要专利"只是关于实际的专利，那么在最终通过标准之前，披露就不会发生，而这个信息通常是在早期阶段需要的。上述单一的通用定义的缺点当然是后一种功能的定义可能不合需要。对此，ETSI 代表澄清说，"可能或可能成为"的语言不仅是对应该宣布的内容的延伸，而且也被视为保护措施，因为必要性最终只能由专利法院而不是所有者或潜在的许可人确定，因此，该表述必须在此免责声明下予以理解。

允许过度披露的另一个缺点是这种行为可能被滥用。过渡披露导致当事人经常披露数十项专利，均声称其为"标准必要专利"。在此背景下，实施者就得判定哪些专利可能不是实际上必不可少的。这种可能与否不仅仅是一个学术讨论，也可能严重影响对单一公司的基本专利组合的理解以及所有公司对某一标准的理解。值得注意的是，并不是每个超过公开要求的标准化组织成员都是别有所图，他们也可能是因为要求专利早日做出回应，或者只是想尽量减少为履行披露义务而投入的努力，只是这种主观态度较难判断。

为了避免过度披露中的消极影响，一些标准化组织的专利政策明确指出：专利披露必须是善意的，这意味着标准化组织成员的某些行为模式可能被认为是非善意的。例如，公司代理人故意（即旨在规避专利政策规则）不参加或者没有亲自了解某些相关专利的标准制定会议，可能被认定为公司不是诚实行事。

披露的时间节点也是标准必要专利披露程序的重要内容，披露过早或者过晚都不利于平衡各方利益。一方面，披露得过晚会让标准化组织很被动，势必增加标准化活动的协调成本，同时也可能是权利人以延迟的披露来"突袭"标准化活动，从而将自己的专利不当地并入标准。另一方面，早期披露也并不总是更好的选择。如果技术发展还不成熟，各方确定某些专利技术是否对标准至关重要是困难或不可能的，这会显著降低披露质量。另外，如果制定中的标准涵盖了最近的专利申请所涉及的技术，也还有一些不确定性，因为这些技术最终不一定会被专利部门所认可。如果专利申请被拒绝或者被变更，就可能导致披露的必要专利最终不是标准所必需的专利。

三、标准必要专利的许可承诺规则

许多知识产权政策旨在确保所有实施者都可以获得具有基本要求的专利许可，或者这些专利不会针对符合标准的产品实施者提出补偿要求。对于几乎所有的标准制定组织来说，最低限度的目标是确保所有已知的基本知识产权在RAND 原则下可用。标准制定组织中的一些机构或离散工作组可能会设定更高的目标，如设法确保所有拥有必要专利均可免费使用。

　　一般情况下，许可义务在披露的同时被履行。根据 IEEE 和 IETF 的政策，这些标准制定组织的高管向可能拥有必要专利的成员发出具体的申报请求。标准化组织的成员也可以主动申报自己的专利并提交声明，而不用等待这样的专门通知。在 IEEE 的专利政策中，这被报告为很常见。IETF 的代表认为，在实践中，很少将请求发送给特定的知识产权持有人，许多 IETF 参与者自愿向 IETF 发放许可披露。

　　根据 OASIS、W3C 和 HDMI 论坛的专利政策，他们对标准必要专利采取默示许可政策。值得注意的是，ETSI 在 1993 年发布的第一个知识产权政策就采取了默认许可方式。然而，成员国和欧盟委员会对于默示许可政策极力反对，故而在 1994 年发布新政策取代了 ETSI 的默示许可政策。OASIS 为参与者提供了多层次的承诺，具体取决于给定工作组章程中指定的模式，这种方式为如何记录这种方法提供了一个很好的例子，因为其知识产权政策包括明确定义如何以及何时出现。

　　早期采取一般许可承诺模式的 ETSI 和 IEC 有两个重要方面的不同：①他们并不暗示该方认为拥有（或可能拥有）标准基本要求相关的专利；②这些早期的一般性声明并不取代常规承诺程序，一旦实质确定了基本要求，必须特别提交新的声明。如果标准化组织的规则允许的话，也可能是提交一个全面的声明。在专利权人收到提交许可声明的特别要求的组织中，申报的时间就是收到此类要求之时，此时按照要求的说明提交即可。但是，大多数标准化组织也允许专利权人在不等待要求的情况下直接提交许可承诺。

　　标准必要专利许可承诺的受益人就是标准实施者，在 10 个代表性标准化组织中，有 8 个明确要求受益人限定在专利政策制定的范围。此外，在 IETF 中，专利许可协议（通过许可邀请）是将所有标准实施者作为受益人的协议。IETF 的代表评论说，"IETF 不需要专利许可承诺，许可承诺在专利披露程序中自愿进行，那么这些承诺的范围将是适用法律规定的制造商所期望的任何范围"。在 HDMI 论坛中，受益人是（仅）本论坛的成员或与论坛签订了许可协议的其他组织与个人。

　　对于标准必要专利许可承诺的空间效力范围，假设任何许可承诺在全球范围内可能都是合乎逻辑的，因此同样适用于兼容产品或服务出售（或生产）的任何地方，但并不是所有标准化组织的专利政策在这方面都是明确的。ANSI、IETF 就对此做了不同的规定。此外，有 6 个代表性标准化组织指出，标准许可承诺一旦做出，就是不可撤销的。专利许可承诺是"可升级的"，这意味着许可承诺可能在以后的时间点被更改，但只能向对被许可人更有利的方向进行修改。对于 W3C 而言，如果相关建议书不再有效，许可承诺就不可撤销。专利权是可以自由转让的，在 NFC 的专利政策中，NFC 论坛董事会可以决定将专利权人的义务转移给新的必要专利权人。

第三节　各国《竞争法》在标准必要专利许可中的利益平衡

一、美国的反垄断平衡思路

为了保证市场竞争的合理秩序，美国政府制定了《谢尔曼法》。这部法律对垄断和试图垄断等行为进行了严格的规定。但是，在专利标准化这一方面，《谢尔曼法》还存在一些不足之处。比如，该法律只是对那些违法的垄断行为进行了制裁，而对于那些因握有先进专利技术而获得市场垄断地位的行为无法进行制裁。为了避免出现这种垄断情况，美国政府制定了《联邦贸易委员会法》，该法律适用的范围比《谢尔曼法》要广，它不仅包括了对非法垄断等行为的制裁，而且还包含了对不正当竞争、欺骗等市场行为的约束。根据该法律的规定，如果市场主体的行为对消费者造成了真实的伤害，并且这种伤害不能够通过补偿利益来抵消，那么这种市场行为就可能被认定为不正当竞争或者为欺骗行为。例如，在 2008 年，Rambus 公司因为专利垄断行为遭到了美国联邦贸易委员会的调查，该公司被起诉。在这个案件中，虽然美国联邦贸易委员会败诉，但是这种处理方式起到了指导作用。通过这个案件，美国联邦贸易委员会向公众表明，《联邦贸易委员会法》可以用于约束和制裁那些破坏市场正常竞争秩序的行为，同时也说明需要根据市场的发展，不断更新反垄断相关的法律制度。

二、欧盟的反垄断平衡思路

欧盟为了制约市场上的垄断行为，制定了《欧盟运行条约》。该条约中明确规定，欧盟的核心任务之一，就是要维护其市场的正常秩序，保证公平的竞争环境。也就是说，在欧盟内的市场，欧盟具有规则制定的权力。另外，该条约还指出，欧盟区域中的市场中如果存在滥用支配性地位的行为，而且这种行为对欧盟中其他国家的贸易造成了损害，那么欧盟有权禁止这种行为。然而，如何界定该行为是否属于滥用，条约中并没有明确说明，只是通过一些具体的例子进行阐述。比如，如果市场主体存在不正当定价的行为，就属于滥用行为；市场主体对生产、技术等进行限制，却对消费者造成了损害，那么这种限制行为也属于滥用行为；另外，如果在签订合同的时候，要求或者迫使另一方签订一些与合同本身内容无关的补充协议，也将被列为滥用行为。

《欧盟运行条约》在欧盟反垄断调查中，同样发挥了重要的作用，其被作为反垄断调查的基本依据。比如欧盟曾经对高通公司进行了反垄断调查，在调查的过程中，参考了该条约中的第 102 条，判定该公司在专利许可中没有遵循FRAND 许可原则，构成了垄断行为。另外，条约还对曾经的 Robert Bosch 案件的调查起到指导性作用。在这个案件中，Robert Bosch 在遵循 FRAND 许可原则的前提下，将专利技术转给了 IPcom 公司。被转者认为，虽然专利技术被转移过来，但是 FRAND 许可原则没有被转移过来，因此他们可以不受该原则的约束。欧盟委员会调查后指出，如果一个标准必要专利被转移，那么与之相关的 FRAND 许可原则也会随之转移，专利的下一个拥有者也必须遵循 FRAND许可原则。在这些案件中，欧盟并没有给出明确的判断标准去界定哪些行为属于滥用行为。然而，这些案件无疑在向公众表明，《欧盟运行条约》在反垄断调查的过程中，可以作为重要的法律依据，也是欧盟实行常态化反垄断调查的有力武器。

三、日本的反垄断平衡思路

根据日本《禁止私营垄断和维护公平交易法》第 19 条等相关规定，企业在发展过程中，如果从事不正当的商业活动，是要受到行政处罚的。此外，如果企业违反上述规定，还可能会面临公平交易委员会的规制。企业可能会被责令停止从事商业活动，并且还要采取有效措施消除影响。此外，根据该法第 2条的相关规定还可以看出，拒绝交易、定价过程存在歧视等都是不被允许的，都属于对正当竞争的破坏。2007 年，日本再次出台了《反垄断法下知识产权使用指南》，该指南对不正当竞争的行为进行了具体规定。在第二部分中，该指南详细地对相关法条的运用原则等进行了阐述，并且对标准必要专利权人拒绝许可等行为进行了规定。2015 年，日本的公平交易委员会开始着手对上述指南进行修改，并且公布了征求意见稿。通过对该意见稿的分析可以看出，其主要内容是针对标准必要专利的许可谈判、拒绝许可等问题。

2014 年，日本东京知识产权高院针对苹果诉三星案进行了判决，根据判决内容可以看出，法院认为，对于想要制造、销售根据 UMTS 标准的产品的一方能够证明专利权人做出了 FRAND 承诺并且其试图去获得 FRAND 声明下的专利许可，在 FRAND 承诺下，寻求禁止令的行为可以被看作是权力的滥用。此外，该法院还进一步指出，在日本民法的相关法律条文中，对于合同生效前双方的权利义务并没有具体的规定，尽管如此，双方依然要受到诚实信用原则的约束开展合作谈判。基于此，三星公司作为标准必要专利的持有人，在未遵守善意原则的情况下，主张针对被告苹果公司的禁令和《专利法》下的损害赔偿实际上是一种权利滥用。通过对该判决的分析可以看出，权利滥用原则实际上是从民法中衍生得到的。从其实质方面来分析，是脱离了竞争法中的滥用支配地位的相关概念的。但无论如何，该判决对于标准必要专利许可的权利滥用问题的认定还是起到了很大的影响，对日本今后类似问题的处理有很大的借鉴价值。

第四节　各国相关实践对我国的启示

一、在 FRAND 原则基础上进行衡平规制

在司法实践中，FRAND 原则对于缓解和规制标准必要专利许可中利益冲突等问题起到了非常重要的作用。该原则充分考虑到了当事人之间的利益关系，借助于平衡专利许可等方式，使得必要专利权人的权利得到了有效的限制，尽可能限制垄断等情况的出现，使得技术标准公益价值能够得到更好的保障。在这样的情况下，FRAND 原则能够有效限制垄断，使得技术标准的公益价值得到保障。从我国大量的司法实践来分析，应当根据实际情况，加大将 FRAND 原则作为重要的判断原则的力度。2015 年，我国工商总局颁布了《关于禁止滥用知识产权排除、限制竞争行为的规定》，从其中的内容可以看出，其对标准必要专利权人在专利标准化后违背公平、合理等原则的行为进行了禁止，并且将 FRAND 原则并入了相关的法律规定中，将其作为规制必要专利许可中权利滥用行为的一项重要原则。当然，对于这一原则，目前对其概念以及相关内容等还没有清晰的界定，还需要相关部门做更详细的规定。尽管如此，这一原则使得标准必要专利许可领域的反垄断执法工作变得更加有依据，使得执法的结果更加符合公平性的要求。不仅如此，引入该原则，还能够使得执法工作更加具有可预测性。

二、裁断规则应更加深入细化

对于反垄断相关部门来说，他们在执法过程中，对专利权人实施的专利许

可行为是否构成权力滥用需要进行具体的分析。在分析过程中，应当对具体的事实要件进行分析。具体操作过程中，如在市场划分方面，要对其是否拥有支配地位等进行判断和确定，对其是否滥用权力等进行分析和确定。此外，还需要对消费者是否存在利益受损等情况进行分析和考虑。总的来说，每一个问题都应当进行充分的考虑，要将它们细化。根据国家市场监督管理总局的相关观点可以看出，享有垄断支配性地位的经营者在从事知识产权实践时，必须严格遵守相关规定，如果其借助于技术标准来对公平竞争进行妨碍，则是不被允许的，是会受到制裁的。尽管这样的规定对相关问题进行了补充说明，但是，其在指导行政执法等方面还是不够全面，可操作性不是非常强。基于此，还需要对标准必要专利领域的反垄断规则进行补充，要使其能够更好地实现对该类技术许可垄断行为的限制。

第五章　标准必要专利的信息披露制度

从以往的研究来看，我国的标准化制度和专利制度实际上是属于两个完全不一样的领域，二者之间不存在直接的联系。但标准体系中如果包括了专利技术，那么这两个没有直接关联的内容就实现了相互结合。从实践来看，专利技术标准化能够促进发明创造的推广，但是，标准化制度在限制竞争方面还存在很多的问题，专利技术标准化在实践应用过程中面临着反垄断审查的规制。不仅如此，在一些特定的领域，如目前发展十分迅速的通信领域，专利技术标准化在价值追求方面已经远远超过了专利技术本身所带来的一系列的技术效果。

在特定的领域当中，标准体系的制定会涉及很多内容，不仅仅是一项专利技术。对于诸多参与标准的制定者来说，标准必要专利在制定的过程中，可能在主观上保留该技术的基本信息而没有履行必要的披露义务，导致标准制定后在实施的环节出现众多专利挟持的情况。在此情况下，标准的实施者将不得不面对沉重的经济压力，并且在和专利权人协商的过程中处于劣势，最终结果很有可能是不得不支付高昂的专利费用，而这些高昂的专利成本，最终在商业活动中将转嫁到消费者身上。实际上，这种做法对公共利益会形成负面的抑制作用，专利权人以不诚信的手段对专利权进行滥用的风气会变本加厉。不过从目前的情况来观察，相关部门可以采取事后的反垄断审查，虽然这样的做法能够在一定程度上解决问题，但效果一般，且审查过程同样也需要投入较高的成本，操作性有限。从全球范围来看，专利技术和标准的结合是目前各国都在致力于解决的问题。此外，各国在制定专利政策的过程中，涉及标准必要专利信息披露的问题也受到了格外的关注。从我国对《专利法》的最新修订情况来看，标准必要专利权受到了格外的重视，并且新增了一些关于此方面的法律规定。当然，很多规定还不够完善，急需进一步修订。在标准必要专利中，很有可能存在信息披露不完全等问题，从这些实际问题入手，借鉴国际上的先进做法和成熟经验，这对我国标准必要专利信息披露义务相关法律制度的完善具有非常重要的意义和作用。

美国的 Rambus 案即是一件具有典型代表性的由标准必要专利信息披露问题引发的案件。该案中，Rambus 公司是一家以开发电脑存储技术为主营业务的企业，通过给制造商提供专利技术获得专利许可费。从 1992 年开始，该公司主动申请加入了联合电子设备工程会议（JEDEC），并参与了该组织关于 DRAM 标准的制定。此后，在第二代 DRAM 标准的制定过程中，该公司借助其在标准制定组织中获得的诸多信息，对专利申请进行了必要的修改和调整，使其专利的范围覆盖了正在制定中的行业标准。1996 年，该公司以"专利技术可能与标准体系不符"为由，正式退出该组织。从加入组织到退出组织，在整个过程中，该公司均未向 JEDEC 披露过其专利信息。

1999 年，Rambus 公司认为有 7 家大型存储器厂商侵犯 SDRAM 与 DDR DRAM 标准相关的 4 项专利权，从而将这 7 家公司作为被告向联邦地区法院提起诉讼。在诉讼前，Rambus 公司告知上述 7 家企业，想要通过诉讼方式解决专利许可费问题将会承担更重的专利使用费；此外，如果这些企业一旦在诉讼中败诉，则再也无法获得相应的专利使用授权。2000 年 6 月，索尼、东芝等诸多企业接受了 Rambus 公司提出的条件，申请从 Rambus 处获得 SDRAM 技术的专利授权，并支付了相关的费用。但仍有部分企业反对 Rambus 公司的做法，认为其提出的要求苛刻而不合理，并开始积极反诉。2002 年 5 月，FTC 认为 Rambus 公司采用"非公平"的方法来垄断内存芯片市场，并提出了两点具体的理由：首先，FTC 认为 Rambus 在标准制定过程中没有对相关的内容进行必要的披露，Rambus 公司存在过错在先；其次，FTC 认为 Rambus 公司在具体操作过程中，实际上已经是对其申请的专利可能覆盖标准的部分进行了范围扩大的修改，且该修改存在故意的倾向。2006 年 8 月，FTC 做出最终的裁定，认为 Rambus 公司在整个标准制定的过程中，通过对 JEDEC 组织中的成员的误导，使得该组织成员有理由相信 Rambus 公司旗下不具有也没有申请涉及行业标准的相关专利，而该行为的目的即是以"欺骗手段"误导 DRAM 行业标准进而取得垄断行业的优势地位。该裁定认定 Rambus 的行为构成《联邦贸易委员会法》第 5 条款项下的欺诈行为，而且这种排他性的欺骗行为同时违反《谢尔曼法》第 2 条。2007 年 2 月，FTC 对 Rambus 在 SDRAM 和 DDR SDRAM 产品上的授权费用进行了一定的限制，并要求 Rambus 公司必须遵守相关的行业政策规定，确保其履行基本的信息披露义务。

Rambus 公司当然无法接受 FTC 的裁决，并向哥伦比亚特区巡回上诉法院提出上诉。2008 年 4 月，该上诉法院推翻了 FTC 的裁决。其中，最核心的要点在于，法院认为 Rambus 公司的行为并没有真正构成《反垄断法》意义上的违法行为。FTC 认为，Rambus 没有履行基本的信息披露的义务，并以欺骗行为非法获得了相关市场上的垄断地位。但法院认为，FTC 的裁决中指明了如果 Rambus 公司履行了相应的信息披露义务后可能出现的两种结果：一是标准化组织不会使用 Rambus 公司旗下的专利技术；二是标准化组织将 Rambus 公司的专利并入行业标准，但同时要求 Rambus 同意在做出 RAND 承诺的前提下许可其专利。如果是第一种情况，那么说明该行业中存在能够并入行业标准并可以替代 Rambus 公司的专利技术，此种情况下，Rambus 公司获取垄断地位的行为可以被认为是"通过欺诈手段不正当获取垄断地位"。然而 JEDEC 并不能证明在该行业领域内存在这种可替代的技术。同样，在第一种情况不太可能实现的情况下，Rambus 公司的垄断地位是"顺理成章"的存在，并且该地位的存在与"不正当获取"的行为之间不存在任何关联。

下面以此典型案例作为研究素材，对标准必要专利的信息披露制度进行详细介绍。

第一节　标准必要专利的信息披露制度

Rambus 案件发生后，国际上对于标准化组织知识产权政策的研究开始变得越来越多，相关的争论也变得愈发的激烈。标准化组织通过越来越多的司法案件，获得了很多的经验教训，并在后续的专利政策制定过程中对此内容进行了完善总结，明确了各个成员的权利义务。在标准的制定过程中，国际标准化组织扮演着重要的角色，对行业标准的建立起着毋庸置疑的关键作用，标准化组织通过为成员提供专利信息披露平台等方式逐步建立其公信力系统，进而协调成员之间的关系和矛盾。从标准化组织方面来看，其既包括国际性标准化组织，如国际标准化组织（ISO）、国际电信联盟（ITU）、国际电工委员会（IEC）等，还包括区域性标准化组织，如美国国家标准学会（ANSI）、美国电气及电子工程师协会（IEEE）、欧洲电信标准协会（ETSI）等。参考、比较国际上相关标准化组织积累的经验，将对完善我国相关专利政策起到良好的促进作用，使我国能够采取更有针对性、更加科学可行的方法来完善相关的政策和规定。

一、信息披露的主体

从现有情况来看，标准化组织在发布标准时，对标准参与者的信息披露义务进行了比较明确的规定，参与者不仅包括了专利持有人，而且还包括了其他潜在的专利持有人。此外，有些标准化组织还将其他参与制定标准的成员也扩大为信息披露的义务主体。

大部分标准化组织在信息披露方面采取的方案是由该标准化组织的成员承担披露义务。当然，部分标准化组织在特殊情况下，也可能不需要成员来承担该义务，一般而言该特定情况主要分为两种，即权利人承诺其专利可免费许可，或者利用标准化组织作为中间平台，将其专利转让给组织后供其组织成员免费使用。从理想情况来看，标准中涉及的专利所有人才是信息披露义务的核心主体。实践中，权利人范围是相对容易确定的，但是，如果权利人对于其专利被并入标准的决策过程存在信息不对称的情况，却还依然要求其承担披露义务，这显然与公平原则背道而驰。即使权利人信息对称，对于其被纳入标准中的专利情况确已知悉，其作为专利权人，依然有权利拒绝标准化组织及组织中其他成员在专利标准化过程中向其提出的不合理要求。基于此，目前绝大多数标准化组织对组织成员承担信息披露义务的要求比较合理，标准化组织中的各成员对其责任的履行较好地保障了专利标准化的提议、制定、实施、推广等诸多环节的顺利进行，无论是组织中的管理流程还是在专利实施过程中的实际效果，都将信息披露制度的作用充分地发挥了出来。

此外，对于信息披露义务的主体问题，还存在另一种情况。在前述Rambus案例中，标准化成员在标准制定过程中参与其中，但在标准起草后标准颁布前退出了标准化组织。之所以会出现这样的情况，Rambus也是出于公司发展的战略布局考虑。部分学者认为，该种情况下的信息披露义务的责任应归结为信息披露最终的截止时间。笔者认为，对于退出的前标准参与主体是否应承担信息披露义务最为核心的判定要素在于应该确定该主体在标准制定过程中，是否在客观上实行了一系列积极行为促使其拥有的专利或正在申请的专利纳入到标准草案中，该客观行为将直接反映出作为标准化参与的主体的主观意识，因此，所谓的信息披露时间节点的问题，笔者认为该判定因素并不是前标准参与者的真实意思表示，如果最终前标准参与者在标准制定过程中利用所获得的信息，通过自己一系列的努力将自己的专利或正在申请的专利（尤其在获取信息之后申请扩大专利保护范围使之覆盖标准化专利）成功被纳入行业标准中去，那么该参与主体的行为确实是一种以"不正当手段"获取优势地位的行为。对于该参与主体而言，其事后退出标准化组织完全是出于规避信息披露义务行为的目的，该行为明显违反了诚实信用原则，此种情况下，无论信息披露制度的时间节点如何，该主体都应承担信息披露义务。与之相反，如果标准制定的参与者在退出前，并未积极地将自己拥有的专利纳入标准化范畴，则不应承担相应的信息披露义务。当然，作为标准化组织的制定标准的其他主体而言，为了规避潜在的专利挟持风险，可以在该成员退出标准化组织之前针对该成员进行全面的专利检索等信息排查。

二、信息披露的期间

尽管不同的标准化组织规定的信息披露期间不同，但是，结合标准实施的宗旨来看，这些组织在披露期间都持比较开放、包容的态度。当然，对于大多数的标准化组织而言，它们还是希望成员能够更早地履行披露的义务。

ISO、ITU 等标准化组织颁布了专利政策实施指南，从指南的第一部分来看，其对参与制定标准的成员是做出了比较明确的规定，要求各成员在起始阶段就必须要对任何其已知专利或申请中的专利进行关注。可以看出，其同样是要求参与者要尽早地履行披露的义务。此外，通过对《ETSI 议事章程》的分析可以看出，其在附录中，对于披露义务同样做出了比较具体的规定。尽管目前对于披露的时间还没有做出详细的规定，但是对于每一个成员来说，各成员均应尽可能早地告知 ETSI 必要的相关披露信息。尤其是在参与整个标准的制定过程中，更要及时履行信息披露的告知义务。

从程序方面来分析，标准的制定程序和立法程序实际上是非常相似的，其制定需要花费比较长的时间。从实际的情况来看，标准的制定短的要一到两年，长的则需要七至八年。在特殊情况下，最长的甚至耗时十多年。如此可以看出，在标准制定时，专利信息披露的时间跨度较长。当然，为了更好地做好标准的制定工作，披露时间应当尽可能早一些，但最主要的问题是要确定好披露的截止时间。如果截止时间太早，对于披露义务主体来说，其没有充足的时间对专利相关性做出全面、准确的判断，容易造成各组织成员的不满。如果截止时间设定得太晚，将使得标准制定的效率降低。因为，在制定标准的过程中，对于标准化委员会来说，获得披露的相关专利信息之后，还需要对草案进行调整，从而尽可能通过替代技术回避相关专利。基于此，在标准制定过程中，为了使得各方面的利益诉求都能够得到更好的满足，应当妥善确定截止时间，这对于各方理清权利责任是十分必要的。

通常情况下，标准的制定需要严格依照以下程序：标准立项、标准起草、征求意见、标准送审、标准的批准和发布。这些不同程序之间的衔接点可以作为信息披露的截止时间点。这样的操作方式，一方面能够方便信息披露主体进行操作，另一方面也有利于标准化组织进行管理。接下来，笔者拟对上述各个衔接点作为截止时间点的可行性进行分析。

立项申报时间通常情况下不适合作为信息披露的截止时间。从立项申报方面来分析，标准立项申报人通常情况下需要制作立项建议书，并提交给标准化组织。建议书的内容必须包括标准的名称，标准制定的必要性、可行性、必要性以及拟解决的问题等；标准的主要内容；标准制定的负责人以及具体的实施方案等。在这一阶段，申报人实际上只形成标准体系的一个主要框架，还没有确定好具体的标准方案，基于此，如果将该节点时间作为披露截止时间显然不合适。以此类推，如果将起草阶段作为截止时间，同样也是不合理的。因为，这一阶段仅仅是在立项获得批准之后实施的，也没有形成标准体系的具体方案。

征求意见阶段，标准草案基本上已经正式形成。从大量的实践经验来看，这一阶段最为主要的内容就是要对争议焦点等进行确定，并且对相关的细节进行明确，此时标准草案通常情况下不会出现本质性的变化，最多是在几个技术方案中进行选择。基于此，如果从提高标准制定效率方面来分析，将这一阶段作为截止时间是比较合理的。这样一来，在草案讨论的过程中，还可以对专利相关性等进行一并审查。当然，对于标准倡议者、草拟者等披露主体来说，其对标准拟采用的具体方案通常会有非常明确的预期，并且对标准做好了各种准备。此外，这些主体对于标准涉及的技术内容实际上已经非常了解。因此，该主体成员在拟定征求意见稿的过程中，应当同时披露其所知悉的专利信息。

在送审阶段到标准颁布前，假若再因为专利信息披露对标准送审稿做修改，一方面会导致审查时间拖得太长，另一方面还可能会导致相关审批部门的工作受到负面影响。基于此，在送审阶段以后，尽管还是能够对相关专利信息进行披露，但如过这种披露会导致送审稿需要再次修改，则会导致标准制定的成本大大增加。总的来看，笔者认为，信息披露的截止时间定在标准草案发布之时或征求意见阶段结束之时是比较合理的。对于标准化组织来说，如果披露义务主体在标准送审后才予以信息披露，标准化组织也可以进行审查，如果经过审查后认为需要对送审稿作修改，则由披露义务主体来承担延迟所产生的成本，延迟成本的承担可通过专利许可费的减免等方式来得到体现。从《国家标准涉及专利的管理规定（暂行）》第五条及第六条可以看到相关信息披露的规定，但其对信息披露义务的截止时间没有任何的规定，相信在未来的规制完善过程中，会对此进行更明确的规定与限制。

三、信息披露的内容

通常情况下，信息披露义务的主体仅需对其拥有或知晓的必要专利的基本信息进行披露。如 ITU、ISO 等组织的专利许可声明表格中，就规定了声明主体就专利是否已经被授权、专利号以及专利名称等进行披露。其中，ITU 对于免费或 FRAND 许可不需要披露具体信息，针对那些拒绝许可的专利，该组织才要求披露相关的信息；IEEE 在信息披露方面，没有做出具体的规定；ETSI 在对信息披露进行规定时，指出了成员可以自愿提供其已知的有关现存及将来可能涉及的同族专利中的专利信息。不仅如此，对于标准化组织的成员来说，应当善意地提醒组织及其他成员对相关专利权加以注意。如此可以看出，信息披露的强制性大部分都是针对拒绝许可的情况。

（一）申请或审查等不确定阶段的专利信息

对于所披露的专利信息包括已获授权的专利技术，目前已经形成共识。当然，是否应该将那些处于申请阶段或者是审查阶段等状态不确定情况下的专利信息包括在披露范围内，目前不同标准化组织所采取的做法是不同的，所制定的政策也存在差异。大部分组织认为，如果申请案和商业秘密有关联，则不应当披露得太早；也有部分组织指出，对于正在审议当中的专利申请案，同样也需要进行披露。此外，还有部分组织的政策指出，成员可以仅对早期公开制度下已经被公开的专利申请进行披露。从 Rambus 案来分析，弗吉尼亚东区地方法院陪审团和法官之间的意见出现了冲突，陪审团指出，该公司有义务对申请阶段的专利信息进行及时的披露，但法官指出，该公司不需要对申请阶段的专利信息进行披露，仅需要对已经获得授权的专利信息进行披露；而华盛顿特区联邦巡回上诉法院认为，处于申请阶段的专利信息也应当进行及时的披露。此外，对于在未决专利申请中增加新权利要求的修改行为是否需要进行披露的问题，FTC 一贯秉持肯定的态度，认为必须进行披露。但是华盛顿特区上诉法院认为这是 FTC 对标准化组织知识产权披露政策进行了扩大解释，形成了过于宽泛的意思理解。此外，对于那些持有"专利申请信息不应当属于披露内容"观点的人来说，之所以有这样的主张，主要是认为这实际上属于商业秘密范畴，如果强制性要求披露，则会导致专利申请人的利益受到损害。

（二）义务主体知悉的第三方专利信息

关于义务主体所知悉的其他第三方专利技术是否需要进行披露的问题，不同的标准化组织所采取的做法目前并不统一。但从大部分标准化组织的实际操作来看，均需要对知悉内容进行披露。如前述 ISO、IEC 以及 ITU 等，其政策就要求标准化组织成员披露其他第三方专利技术的信息。笔者认为，如果从促进标准的实施方面来进行分析，义务主体应当将其所知悉的和标准实施存在关联性的专利技术信息进行必要、及时的披露。

（三）信息披露的程度

关于信息披露程度的问题，大部分组织都坚持了非强制性政策，鼓励参与者披露或提请标准化组织成员已经知悉的专利信息。不仅如此，大部分组织都通过文件的形式指出，信息披露义务的主体并不需要同时承担专利检索义务。从信息披露义务的内容来分析，披露主体所披露的内容主要包括其所拥有且已获授权之专利技术。当然，该专利技术不限于专利权人为主体的情形，利益相关方所有的专利技术同样需要披露。利益相关方包括义务主体的关联方以及其意图通过转让以规避披露义务的受让方等。

就我国目前的专利制度的体系来看，早期公开后尚处于审查或复审阶段的专利申请信息，是不需要对此加以考虑的。笔者认为，如果是还没有公开的专利申请信息，因为其牵涉到该专利申请中的相关技术信息，因此，在专利申请人未主动公开的情况下，可推知已经有部分标准制定的参与者掌握或知悉该专利申请所记载之技术信息，事实上，这些信息很可能不再属于商业秘密范畴，对这类信息一并予以披露，并没有什么不妥之处。当然，披露的程度必须适当，要以标准制定者讨论、涉及的范围作为明确的界限。对于那些还处在无效宣告阶段的专利信息，由于无效决定并未生效，仍需进行披露。此外，需要特别强调的是，对于那些失效的专利信息，并且还可以经由权利恢复程序进行恢复的专利，如果与拟定颁布的标准存在关联性，同样需要进行披露。关于新增权利要求的问题，从我国目前的政策规定来看，新增权利要求的保护范围应当以原权利要求书记载的范围作为界限，基于此，对于这部分的信息，可以不进行披露。

从上面的分析来看，专利信息的披露内容通常要求所披露之专利技术应当与正在制定的标准相关，或者为标准所包含的"必要专利"。但是，如何确定是否存在相关性，目前还存在不同的观点。目前较为主流的是主观说观点与客观说观点。主观说观点认为，只要义务主体主观上认为和标准实施存在相关性，则必须进行披露；客观说认为，只有当所披露之专利信息与标准在客观事实上存在相关性，才需要进行披露。此外，客观说还认为，只有在法院对侵权事实做出判定后，才能够对披露义务进行确定。基于此，不少学者认为，如果采取客观说的标准，判断方面会存在困难。笔者认为，相比主观说观点，客观说观点更加合理。以主观为例来分析，如果义务主体主观方面认为专利存在相关性，但是客观上却不存在相关性，则对于标准实施者来说，其不需要承担相关的侵权责任。对于专利权人来说，也不能够从标准实施中获得相应的利益，基于此，要求专利权人履行披露义务实际上没有太大意义。反过来，如果义务主体主观认为不存在相关性，但是客观上却存在相关性，此时义务主体应承担不披露行为所带来的法律后果。如此可以看出，如果采用客观说，则能够达到将未履行信息披露义务作为事后实施标准的侵权方用于对抗专利权人的一条抗辩理由的效果。对于专利权人来说，如果其不提起诉讼，则披露义务实际上也不需要进行确认。基于此，笔者认为客观说具有更好的可操作性，并且更符合实际。当然，不可否认的是，现实操作过程中的义务主体大部分时候都会根据主观判断确定披露的范围，出于对标准实施者可能以信息披露不完全作为抗辩情形的考虑，义务主体会更主动地将标准相关的专利信息对外进行披露，如此一来，就能够最大程度上发挥出信息披露制度的激励作用。

四、信息披露的范围

关于标准必要专利信息披露的范围，目前已经有了很多探讨，相关的研究成果也很多。实际上，标准制定时，专利权人应该尽到多大范围的信息披露义务，目前还没有统一的观点，争议还很多。在披露义务的边界方面，目前也未加以明确。基于此，在标准化组织的知识产权政策中，目前只能通过原则性的规定来要求组织成员履行披露的义务。例如，2005 年欧共体委员会竞争指导部关于信息披露问题的意见是："每一成员应尽合理的努力，尤其是在其参与制定标准或技术规范期间，将必要知识产权以及时的形式告知 ETSI。"其中的"尽合理的努力"和"必要知识产权"实际上都是原则性的规定，存在较大的操作空间。

之所以会存在披露义务范围这一问题，主要原因在于组织成员对披露范围和程度十分关注和敏感。如果范围规定得过宽，就会使得这些组织成员面临非常大的负担，导致其参加组织的积极性大大降低；如果规定范围过窄，则标准化过程中的信息交流会变得非常有限，很容易导致专利"阻抑"情况的发生。从具体操作来看，在标准制定过程中，专利权人的专利信息披露义务并不是绝对的。通常情况下，都是要求专利权人"尽合理的努力"披露"必要专利"。此外，从司法实践角度来分析，如何对标准必要专利的范围进行确定，司法上也没有进行明确。法官在判案过程中，所适用的"合理可能必要"原则，要满足特定的前提条件，即在标准化组织的政策规定不尽完善的时候才予以适用。判决公布后具有指导作用，可以避免专利权人故意隐瞒相关专利信息、减少纠纷解决的不确定性。

从前面的分析可以看出，我们可以充分借鉴 Rambus 案件以及相关判决的理念，在处理类似问题时，适当地引入《反不正当竞争法》和《民法典》的原则。例如，美国衡平法下的权利放弃、禁止反悔等责任类型，尽管它们的构成要件存在差异，但是二者有着公平、公正、正义等共同的原则，使得当事人之间的利益能够得到平衡，不允许有人通过不正当的行为获利。基于此，我们在标准化领域的实践过程中，可以充分发挥诚实信用原则等现有的法律原则，从而实现各方利益的平衡。

五、信息披露的责任处置

在信息披露方面，各标准化组织都做出了具体的规定，但由于诸多规定都属于鼓励性措施，本身缺乏强制性，违反义务的惩罚机制更无从谈起。因此，不能够形成强制性的约束作用，这使得披露义务的主体不履行披露义务的情况时有发生，也成了标准实施过程中专利纠纷案件不断出现的主要原因之一。

很多标准化组织在制定相关政策的过程中，都会做出免责声明。通过对《ITU-T/ITU-R/ISO/IEC 共同专利政策》的分析可以看出，其在首条中就明确指出，ITU、ISO 和 IEC 所制定的标准中全部有价值的信息都应该被披露，但这些组织并不提供关于专利有效性及权利范围的权威性信息。不仅如此，ANSI 和 ETSI 等比较权威的组织在其专利政策中，同样没有对违反披露义务的后果进行规定，也没有制定相应的处置规则。

通过对国际标准化组织涉及标准专利的知识产权政策的分析可以看出，虽然其关于披露义务的规定无法面面俱到，但基本上已经涉及了信息披露的所有核心问题，唯独在违反信息披露义务的处置规则方面，还一直没有做出相应的规定。笔者认为产生该种情况的主要原因有两方面：一方面，绝大部分的标准化组织为非政府组织，不具备行使惩罚性措施的行政职权；另一方面，标准化组织制定的知识产权政策是一种自律性规范，不是强制性要求，因此无法形成强有力的约束力。当然，尽管没有规定相应的处置规则，但是这并不代表国际标准化组织容忍和放纵其成员可以违背标准必要专利的信息披露义务。从各国的做法来看，基本上都采取了一定的执法手段来制裁这些行为。实际上，在标准制定的过程中，专利问题已经不单单是《专利法》涉及的问题，更多的是《反垄断法》方面的问题。

以美国为例来进行说明，美国是典型的判例法国家，十分重视个案的指导作用。对于多数法院和政府部门来说，专利政策是一种成员与标准化组织或者是成员自身之间所达成的具体的协议。基于此，在处理此类信息披露纠纷案件过程中，通常会依据合同欺诈或者禁止反悔的衡平法原则来进行具体的处理。此外，FTC 所采取的反垄断审查措施，在规制因违反信息披露义务造成的专利挟持的问题上，也能够发挥积极的作用。从法律层面来分析，尽管知识产权具有法定排他性，但这不能够表明其能够游离于反垄断审查之外。从 Rambus 案中可以看出，FTC 认定该公司存在恶意欺诈行为，违反了信息披露义务，因此，裁定其违反《谢尔曼法》第 2 条以及《联邦贸易委员会法案》第 5 条之规定。虽然，最终该的裁定结果被法院推翻，但这在一定程度上反映了反垄断机构对违反信息披露义务的处理方式。

第二节　利益平衡视角下的信息披露制度分析

一、信息披露制度是推动标准必要专利进步的核心动力

利益和权利紧密联系在一起，离开了利益，也就谈不上权利。对于利益的追求，是个体存在意义的重要动因之一。对于企业而言也是如此。专利权通过采取各种方法来追求更高的企业利益，借助于技术的专利化、标准化、国际化"三步走"，最终成就企业的行业优势地位，从而获得更高的企业利益和价值。标准化组织是标准制定的组织机构，其应当保持中立，即对于专利所有者和实施者而言不会偏袒任何一方。标准化组织不仅要采取有效措施，鼓励更多的参与方来为技术发展做出贡献，而且还要让更多的参与方接受技术标准，从而促进标准的广泛推广和应用实施。客观上，标准化组织要保持几项最基本的立场原则：首先要对标准提案平等对待；其次，要求成员提交声明，表明其是否接受标准化组织的知识产权政策。当然，标准化组织很少介入到具体的许可纠纷中，只有通过信息披露方式尽量减少后续纠纷发生的可能性。

综上，标准化组织的存在意义即是努力推广技术标准的广泛化，只有让技术标准广泛渗入到生产环节中，才能让专利的价值实现到最大，如此才能促进和推广专利的创新使用程度及技术更迭速度，进而推动全社会的专利进步和发展。而在推动发展的力量背后，一切的基础是最初的专利披露制度，其对于标准必要专利能够顺利实施的保障有着不可替代的重要作用。没有必要的信息披露制度，就不存在标准必要专利的顺利推广；没有标准必要专利的广泛推广，专利的进步也就失去了核心的动力基础。因此，信息披露制度的建立才是标准必要专利进步发展的核心动力。

二、信息披露制度是技术标准化过程的客观要求

专利实际上是一种借助于公开方式来获得司法保护的制度。对于某项专利

技术来说，其一旦实现了公开，至少在理论层面，专利权人是无需再对专利的相关信息进行披露的，即没有进一步信息披露的基本义务。但在具体操作过程中，如果其专利被标准引入，从本质上来看，相当于和同领域相关专利实施者之间签订了一种合同，给公众让渡了部分权利。特别是对于强制性标准来说，专利权人可以和标准的实施者达成协议，此种情况下，对于专利权人而言，如果其没有将不属于公益性的内容披露出来，并在其专利和技术标准结合之后通过其他的方式和手段主张权利以达到获得非法利益的目的，将会导致标准的推广受到极大的阻碍，使公众无法正常地实施标准，进而损害公共秩序。基于此，在技术标准化中，必须借助专利信息披露制度对专利权的行使进行必要的规制。

从某种程度上来说，技术标准实际上已经对专利权的行使方式造成了很大的改变。对于某项特定的专利技术，如若对其进行保护，可能会导致几家拥有专利权的企业利益受到影响。但如果其专利作为实施技术标准的必要专利被纳入技术标准，则会导致锁定效应，该效应使得专利权人在市场上占据绝对的有利位置。此时，受影响的不仅仅是某几家公司的利益，而是整个行业，甚至是整个市场。事实上，在专利增值的过程中，标准的实施者为专利的推广做出了巨大的贡献，如果从公平角度来分析，作为标准受益者的专利权人付出一定的义务是合理也是必要的。专利信息披露制度主要是为专利所有人设定了特定的义务，从而在一定程度上限制其权利，进而推动标准技术的广泛实施，使得标准实施者的利益能够得到保障，避免后者承担过重的侵权风险。信息披露义务是专利标准化过程中最基本的客观要求，其能够在很大程度上督促专利权人履行自身的披露义务，从而使得标准能够得到更好的推广，如果未能实现最基本的信息披露，则整个专利的标准化体系都将失去意义。

三、信息披露制度是解决专利挟持的唯一途径

专利挟持是指标准必要专利的专利权人借助于自身的优势获取超过技术本身价值利益的能力。在司法实践中，专利挟持的现象经常存在。对于标准必要专利权人来说，在其明知自己的专利已经被纳入标准之后，却未及时履行信息披露义务，或者是履行了披露义务，但是披露得不充分、不完全，导致其他企业在专利实施过程中侵犯了其专利权，而由此造成诸多专利实施者面临专利权人的诉讼的现象。此外，专利权人借助其自身的优势，通过侵权诉讼的手段来挟持其他实施标准的企业，从而抬高许可费价格，也是常见的一种专利挟持的现象。对于实施标准必要专利的企业来说，如果其被迫接受了高价格的许可费，就会导致产品或者服务成本的增加，专利权人通过专利挟持的手段消极限

制了市场的公平竞争秩序，进而会影响整个行业的健康发展。基于此，确保专利信息的充分披露，是保障企业按照行业标准进行生产而免遭专利挟持的最基本的前提。

从现有的情况来看，专利政策中关于信息披露义务的规定过于笼统，是导致专利挟持得以产生的重要原因，基于此，出于对行业竞争和公共利益的保护，杜绝专利权人滥用权力，唯有出台对信息披露义务更为有力的细则，否则，杜绝专利挟持现象只是一句空话。

四、信息披露制度是平衡不同主体间利益的重要保证

专利信息披露是指标准化组织中成员依据标准化组织的规定，向标准化组织披露其所拥有、控制、了解的专利权信息，标准化组织向社会公众公布其制定的标准中所含有的专利技术的信息。无论是在禁令发布还是在标准的制定或者是修订方面，该制度都发挥了十分重要的作用。有学者指出，专利信息披露能够最大限度地降低信息不对称，降低社会交易成本，保证标准化组织在制定标准的过程中，获得技术评估所需要的信息，进而从技术优势和商业优势进行权衡，选择最符合预期的技术标准。

专利信息披露制度虽然具有不可替代的重要作用，但同时其也存在一定的弊端。首先，专利信息披露可能会导致相关的信息被泄露。从专利权人角度来分析，信息披露能够使得权利诉求得到明确，使得实施标准者寻求许可的可能性得以增加。但其弊端在于，通过文字撰写的技术措辞可能造成标准起草者相应的权利被限制甚至被剥夺。对于实施标准者来说，信息披露能够使其对实施标准可能具有的许可费成本做出更加准确、全面的判断和评估，但这也可能会导致其无法以"标准中存在的专利并不知悉"这样的理由进行抗辩。对标准制定组织来说，信息披露能够让技术竞争市场变得更加透明，能够使得标准制修订过程中的威胁被清除。但是其弊端主要体现在增加了披露信息整理、归纳等工作的难度。

第三节　我国现行标准必要专利信息披露制度的问题

2015 年 4 月，我国公布了《关于〈中华人民共和国专利法修改草案（征求意见稿）〉的说明》，通过对其内容进行分析可以看出，第 26 条对该草案新增的第 82 条做出了比较具体的说明："妥善处理标准和专利之间的关系对于

促进先进技术的推广应用，推动相关产业发展，维护专利权人、标准实施者和消费者各方利益具有重要意义。参与标准制定的专利权人在标准制定过程中应当遵循诚实信用的原则，尽合理努力披露自己拥有的标准必要专利。为了防止参与标准制定的专利权人在标准制定过程中不披露其拥有的标准必要专利，将其拥有的专利技术纳入标准中，在标准实施后又通过专利'挟持'标准实施者，损害标准实施者和消费者利益，专利法有必要对此种行为进行规制。为了平衡专利权人与标准实施者和消费者的利益，结合国内外的法律实践，草案规定了标准必要专利默示许可制度，即参与标准制定的专利权人在标准制定过程中不披露其拥有的标准必要专利的，视为其许可该标准的实施者使用其专利技术，在此情形下专利权人无权起诉标准实施者侵犯其标准必要专利。但默示许可不等于免费许可，专利权人仍有权要求标准实施者支付合理的使用费。使用费的数额不能由专利权人单方决定，而是由当事人自行协商；双方不能达成协议的，由地方人民政府专利行政部门裁决；对裁决不服的，可以向人民法院起诉。"

　　从上述立法解释来分析，草案中所规定的"视为其许可该标准的实施者使用其专利技术"只是一种形式，其实际内容属于"默示许可制度"的范畴。从法条的内容来看，其使得"专利权人无权起诉标准实施者侵犯其标准必要专利"，这里的"无权起诉"即是将专利所有人的不披露标准必要专利的行为作为专利实施者侵权抗辩的理由。但草案的前文还有一句"尽合理努力披露自己拥有的标准必要专利"，其中，如何确定"尽合理努力"的范围和标准不但没有解释，而且连"尽合理努力"的专利权人是否依然要承担"默示许可"的义务，即是否能够排除专利实施者侵权抗辩的理由都未予以说明。不仅如此，条文中所规定的"许可使用费由双方协商；双方不能达成协议的，由地方人民政府专利行政部门裁决"，实际上也意味着一个标准必要专利一旦是未曾被披露的，无论专利权人主观因素如何，都没有权利进行起诉。即，任何一家企业在未经专利权人许可的情况下，都可以使用该权利人的标准必要专利，而不需要先从专利权人取得任何的许可授权，前提只因为专利权人对该标准必要专利未能履行信息披露义务。这种情况下，可以理解为该标准必要专利已经变成了一种名副其实的"法定许可"专利，客观实际中，是一种"只要付费，就能使用"的专利权，甚至反过来，那种"已经使用了该专利再去谈费用"的情况对于专利实施者而言也不会存在任何法律风险。因此，标准必要专利所谓的"默示许可制度"，无非就是另一种的"法定许可制度"。

　　此外，仅仅作为侵权抗辩理由的"默示许可"与可以直接实施的"法定许可"在法律效果上有很大差异，主要体现两个方面。一方面，假如只将其当作是侵权抗辩理由，则在没有获得专利权人的许可下，专利实施人不清楚自身的行为是否构成侵权，也不清楚是否会被要求停止侵权，基于对这种不确定风险的顾虑，专利实施人会非常慎重地决定是否实施该专利。但是，如果法律规定了"视为许可"，则实施者会没有消除风险的意识，直接实施该专利；另一方面，假设"默示许可"构成侵权抗辩理由，则对于专利实施者来说，其实施行为并不构成侵权，在这样的情况下，法院就不应当判决要求实施者赔偿损失或者是停止侵害。但是，如果采取的是"法定许可"制度，则会涉及专利使用费的谈判等方面的问题。从《专利法》修改草案的内容来分析，其中新增了政府机关的裁决权，主要是在双方无法就专利使用费达成一致意见的情况下，由政府部门直接进行裁决。这种规定看似非常合理，能够起到平衡专利权人和专利实施者之间的利益冲突的效果，但假如专利实施者不构成侵权，则相当于是限制了专利权人采取禁令救济的可能性，这显然是不公平的。

　　综上，在整个标准的制定过程中，对于专利权人来说，并不需要承担绝对的专利信息披露义务。从各大标准化组织的政策来看，也没有要求专利权人承担这种义务，只是要求成员"尽合理的努力披露"。从司法实践方面来分析，标准必要专利的信息披露义务该如何确定，目前还存在争议。《专利法》第四次修订草案将专利权人未披露标准必要专利一律视为"默示许可"，需要实施该技术标准的所有企业都可以未经许可而实施专利，这和国际公约的规定可能是不一致的，甚至是相互违背的。基于此，无论是从立法方面还是从实践价值方面来分析，这种规定都是值得商榷的。

第四节　我国标准必要专利信息披露制度的完善建议

一、尊重市场认可的价值和意义

　　通过《专利法修订草案（送审稿）》第85条可以看出，尽管该法条明确了标准必要专利的概念，但是对于如何界定标准必要权利的方法，该草案并没有予以详细的规定。从理论上来分析，该法条主要是将技术上的不可替代性作为重点考量的核心要素，但同时，涉及的其他诸多因素也应该予以考虑。如果标准必要专利的判断依据不是以技术不可替代性作为考虑因素，而是从商业运营的成本上进行考量，那么其他因素的作用可能会不同程度地影响到标准必要专利的定义。比如在商业运营中，影响成本的要素不胜枚举，产品质量、服务效果、营销渠道等都可以成为成本的核心要素。如果从这个角度进行考虑，这个定义可能会使标准必要专利的基石产生动摇，但业界对于该定义概念的认可，还基本上保留在技术专利的不可替代性上，也为后续整个体系的建立发展提供了核心依据，在此不进一步的讨论，但笔者认为诸多商业因素的参考对于构建完善体系未必没有参考价值。无论从哪个角度分析比较，最核心的构建要素，依然还是要以市场认可作为基本的价值判断依据，因此，我们在本书中讨论的所有标准必要专利的概念还是从技术的不可替代性入手，笔者也保留自己对其他商业因素的一些想法和判断。

现阶段，在对标准必要专利进行判定的过程中，最为主要的方法就是由专业机构予以评估。此外，对于一项具体的标准来说，其可能由数千项标准必要专利组合而成，如果对每一项都进行评估，其费用是一笔庞大的开销，这对于专利权人或者是专利实施者来说，都是难以承受的。此外，依据目前的制度设计，上述评估机构的公正性和权威性也无法保证，在多方对鉴定结果有异议的情况下，将会投入更多的经济成本及时间成本来重新进入评估程序，显然，这种做法并非判断评估的最佳方式。

从实践角度出发，企业在生产制造的过程中，基于产品加工成本、服务质量认证、原料渠道、成品流通渠道、成品率等因素的考量，对于采用何种技术可以最好地满足特定标准，可以说企业是最有发言权的主体之一。对于各项专利来说，哪一项专利以及参考因素在实践中更具有标准必要专利的价值和地位，会逐渐在行业实践中产生共识，这在很多国家的市场发展中都得到了充分的印证。也就是说，即使没有对某个或某些特定的专利进行标准必要专利的鉴定判断，只要业界对专利的必要性不存在异议，那么该种判断即属于有效的判定，对此，在理解相关的概念时，不可忽视客观市场经济的选择效果和价值评判，不管怎样去规制和限定该权利，我们都应该重视市场的认可度，否则就会脱离实际。

二、尊重信息披露过程中的时效性和可操作性

接受信息披露后，标准化组织对披露的专利是否构成标准必要专利不会做出审查。这样的做法很容易使得出现两种结果：第一种结果就是专利权人过分地将其所拥有的专利信息不分情况地披露给标准制定组织；第二种结果就是专利权人仅仅披露对自己有利的信息。在实践操作过程中，大部分时候都是单一标准必要专利权人将其专利打包，并对外界宣布其拥有标准必要专利，从而获得相应的许可费。对于实施标准者来说，其在正式实施标准前，会请求该专利权人提供专利清单，并对实施标准的必要性进行具体的分析，为是否开展许可谈判等打好基础。当然，在评估过程中，对于清单中专利是否属于标准必要专

利，评估组织并不会进行彻底的审查和评估，因为这不仅费时费力，而且还要支付很高的评估费用，甚至还有可能会出现为其他的实施者提供"搭便车"的可能性。实施标准者并不能以未披露为由不支付使用费，而是要和标准必要专利权人商定一定的许可费率。VIA licensing 以及 Sisvel 等的许可模式都是如此。一般而言，合理恰当的许可费会促进专利的授权效率，实施者会主动购买；相反，如果许可费过高，实施者会集体抵制或者寻求司法上的救济来降低不合理的费用。

从上面的分析可以看出，只有在参与标准制定的专利权人拒绝许可的情况下，标准制定组织才需要要求其在参与标准制定时进行专利披露。专利信息披露涉及的内容很多，披露工作十分复杂，因此，对于相关制度的设置提出了非常高的要求，必须确保制度的合理性才能够保证各方利益的平衡。在披露的权利义务设置方面，必须综合考虑各方面的因素，并且还要采取有效措施对相关的法律后果进行明确，不能走两种极端，对披露义务未能履行的惩罚后果无论偏轻或偏重，都会限制标准化制定主体间的积极性，从而进一步限制商业发展的自由度，最终给标准的统一和发展带来阻碍。此外，要根据不同标准制定组织的情况来出台对应的规则，从而在不同行业领域根据其各自的特点和属性量身定做其标准，以期获得更好的行业发展和贯彻实施。

三、对我国标准必要专利默示许可制度的完善建议

通过对《专利法草案（送审稿）》第 85 条相关内容的分析可以看出，我国规定专利权人在标准制定过程中的披露义务，在一定程度上反映出我国在专利信息披露制度的完善方面所做出的努力，这是值得肯定的。但是，如果参与的专利权人不履行披露义务，则要丧失禁令请求权的规定显得缺乏一定的合理性，权利人需要承担的义务明显过重。从本质上来说，在对不披露行为进行规制过程中，是完全可以参考反垄断的法律法规，即《关于滥用知识产权的反垄断执法指南（第七稿）》第 28 条，该内容已对此种情况做出了规定，即"在参与标准制定的过程中，故意不向标准制定组织披露其权利信息，或者明确放弃其权利，但是在某项标准涉及该专利后却对该标准的实施者主张其专利权可能构成滥用市场支配地位"。

综上，如果将《专利法草案（送审稿）》第 85 条全文删除，那么为了将标准必要专利列入《专利法》而做出的努力就失去了价值，此次修改使得法律规制标准必要专利的思路更清晰，厘清了规制标准必要专利的前途与方向。笔者认为，我国相关司法解释、行政规章、指南都在制定中，运行效果尚未显现。在专利法条文中对标准必要专利问题进行规定虽有必要性但时机尚不成熟。

第六章 标准必要专利的许可制度

专利并入标准已成为一种常见的商业模式，标准推行的目的是使技术得到广泛的运用，但专利权是权利人的专有权利，是私人权益，因此专利与标准的法律属性存在冲突。为了化解冲突，势必需要在有关各方之间寻求良性平衡，从而保证标准中所涵盖的专利在最大范围内得以运用，保证标准被行业所广泛认可，并使权利人的利益不至于受损。标准化组织、专利权人以及标准的使用人（即技术的实际实施者）是与标准的制定和推广紧密联系的三类主体。标准化组织是将相关专利技术制定为标准的组织，其主要负责前期的标准制定，而这一过程本质上是一种技术活动，不属于法律行为，不受法律的制约。但如果标准化组织所从事的行为超过了纯粹的技术行为范畴，那么其便有可能受到法律的规制，因此各个组织在制定标准的过程中实际也十分谨慎，努力将自身的行为保持在技术行为的范畴，以避免发生法律纠纷或承担法律责任。因此，真正需要法律加以调节的行为人应当是专利所有人以及标准的实际使用人，这两类主体的行为可能涉及《专利法》《竞争法》的有关规定。而且，某一技术涉及的专利权人可能并非仅有一个，数量上可能存在众多权利人，而如何协调众多权利人之间的利益和关系也是值得深思的问题。除了专利权人，标准的使用人的数量往往更加庞大，可能包括整个行业，而这些使用人往往又属于直接竞争者，所以他们之间的关系也需要加以调节，以避免恶性竞争，而此时使用人与专利权人磋商所达成的结果将对其之后的竞争力产生重要影响。假如某一使用人能够在磋商的过程中获得较为有利的许可条件，那么其在之后的经营过程中，与其他竞争者相比，便获得了明显的竞争优势，可谓是赢在起点上。由此我们发现，在技术标准化的过程中，不同主体之间的利益关系可谓错综复杂并且紧密相连。为了激发专利所有人将其所有的专利技术并入标准的积极性，使标准所涵盖的技术能够代表行业先进水平并促进标准化进程的稳步快速开展，必须保障专利权人的利益不受侵害；为了使标准能够得到最大范围的推广，通过建立标准以规范统一行业秩序、扩大社会整体公共福祉，就必须在专利权人与使用人之间寻求协调，并以此避免因不公平的许可条件而使得使用人的竞争地位被不合理地降低。如此错综复杂的利益链条，需要法律进行有效规范，而这其中最为重要的矛盾点便是专利所有人与实际使用人之间的对立关系。专利权人通过专利并入标准，控制相关市场，获取超额垄断利润。而标准的使用人一方面为了符合标准的要求，另一方面也为了自身的发展需要，需要获得专利权人的许可而使用其专利技术，此时其便不得不与权利人产生联系、进行谈判。总体而言，正是由于授权许可行为的存在，使得各个主体之间产生了不同的利益关联，因此处理好各类利益主体之间的关系十分重要，其根本便在于如何使专利许可更为合理、公平。但究竟如何才能使专利许可公平且合理呢？怎样才能既保证专利权人所付出的智力成果得到应有的回报，同时使市场竞争秩序最优化，使标准真正发挥引领和协调市场的作用呢？对这些问题的回答我们必须慎之又慎，因为不同的策略将对各方利益产生重要影响，甚至对市场秩序产生深远意义。

事实上，经过长期博弈和实践，目前社会各界普遍接受以"公平、合理、无歧视"的条件进行专利许可，而且这一规则也逐渐被各个标准化组织所吸收，成为其制定标准时的一项重要原则，要求专利权人必须遵循。但这一原则也并非完美无缺，自被提出到现在，也一直受到广泛的争议。而之所以受到如此多的争议，主要在于人们对"公平、合理、无歧视"七个字的含义理解不一，而其本身的概念也无法清晰界定，既然没有清晰的界定也就无法准确判断某一行为是否违背该原则。因此有部分学者认为，这一原则由于过于抽象而不具备可操作性，无法对专利许可行为实施有效的指导，因此需要探索其他更为行之有效的政策和原则。而且在实践当中，各标准化组织对授权许可的规范和管理往往十分有限，许可条件是否公平合理并且不存在歧视往往由具体的市场竞争状况以及双方的磋商情况决定。若提供技术的一方供大于求，即针对同一产品同时存在多种标准，或者同一标准可以采纳的专利技术有很多时，此时选择权往往掌握在使用人手中，其在磋商的过程中往往处于更为有利的地位。但如果相反，某一产品所能使用的标准以及标准可供选择的专利技术都是唯一的，那么此时使用人就没有其他选择，不得不使用该技术，从而导致在谈判过程中不得已而接受对方的条件。在这一过程中，许可是否符合"公平、合理、无歧视"的要求实际上是由某一方单方决定的，而非真正客观意义上的公平合理。甚至在某些情况下，专利权人与实际使用人就该原则的具体含义因理解不同而可能引发纠纷，并诉之法院。例如，2005 年，以 Broadcomm、Ericsson 等为首的六家公司认为高通公司没有按照该原则发放许可，而是对其所拥有的宽带码分多址传输技术（WCDMA）收取不合理的使用费，并对不同的消费者实施不同的价格策略，若消费者仅购买高通所产的芯片，则可以获得较为优惠的价格。对此，欧盟委员会于 2007 年对高通公司展开具体调查。除此之外，前述的 Rambus 公司也曾因此类行为而被调查。

面对如此之多的争议，或许需要我们重新思考如何界定"公平、合理、无歧视"的内涵，因为只有内涵明确才能使诸多争议迎刃而解。事实上，部分标准化组织已经意识到这一问题的严重性，也试图有所作为，但其效果却并不理想，问题也没有得到根本的解决。

正是由于标准的存在，才使得专利权人与潜在使用人之间的利益天平发生倾斜，使得权利人可以借助专利的力量来获取本不应得的利益，正是标准使得专利的力量得到放大。若想真正恢复天平的平衡，可以考虑从两方面着手：一方面可以对许可原则的内涵进行明确，并要求双方依照该原则进行交易，若对某一行为是否违反该原则有分歧，则交由相关法院或者仲裁机构加以定夺；另一条路径则是创建一套完善的制度体系，并通过该制度来保障各方当事人在磋商过程中处于平等地位，甚至可以在一定程度上削弱专利权人的优势地位来达到平衡效果。而对于"公平、合理、无歧视"的具体内涵，理论界一般从两方面进行分析：一方面从经济学的角度看，需要确定专利使用费的数额，从而明确许可原则的经济学标准；另一方面从制度建设的角度看，需要建立能够保证许可原则得以实现的具体制度。本书试图探究"公平、合理、无歧视"原则的法律内涵，从而使该原则得以准确施行，并通过建立完善的、可操作的法律制度来平衡各方利益，保障许可原则能够发挥应有的效果。

下面以著名的华为诉 IDC（美国交互数字公司）案例对 FRAND 原则许可中的司法实践问题进行分析探讨。该案之所以具有典型性，是因为该案是我国法院审理并做出最终判决的第一个标准必要专利法律纠纷的司法案件，对于标准必要专利的研究具有很高的参考价值。本章以此案例为契机，将后续标准必要专利在司法实践当中的问题逐一带出，进而逐个对法律热点、焦点问题进行研究讨论。

近些年，华为公司作为通信技术领域的巨头公司，其国际化发展力度不断深入，知识产权软实力迅速提升，在国际知识产权大战中，不断与同领域中具有垄断地位的公司交手，并且从被动应战到逐渐占有愈来愈多的主动优势。

同样，IDC 公司作为该领域的传统垄断企业，也拥有多项标准必要专利，这就导致华为公司在该领域的发展必须依赖 IDC 授权使用其标准必要专利。但是，IDC 凭借其在该领域的优势地位，在与华为公司的谈判过程中向其索要极为高昂的专利许可费，而且这一费用数额远高于其与三星和苹果达成的专利许可费。如此，导致了华为公司与 IDC 的谈判以失败告终。后来，IDC 在美国起诉华为公司并要求其停止使用己方合法享有的专利权。紧接着，华为公司针对 IDC 滥用市场支配地位和不公平收取标准必要专利许可费之行为向中国广东省深圳市中院提起诉讼，要求 IDC 赔偿其损失并且根据公平原则判决专利许可费金额。随后，深圳市中院和广东省高院相继做出判决。

　　这一案件是我国司法实践中发生的第一例有关于标准必要专利的判决，据此而进行的我国标准必要专利研究和反垄断法律问题探讨具有较高的价值。本章期望能够通过对该经典案件的深入研究，梳理我国有关标准必要专利案件在 FRAND 许可费率等法律实践中的诸多问题。

第一节　标准必要专利的许可制度

一、标准必要专利的许可协议

　　如果对于技术标准进行分类，那么依据标准是否拥有法律法规，可以将技术标准分为法定标准和事实标准。在法定标准中和事实标准中都存在专利许可。标准化组织制定的标准是法定标准，蕴含在法定标准中的专利政策主要有以下内容：第一，专利信息披露义务在标准产生过程中不能被忽视；第二，专利权所有人在标准适用后享有专利许可义务，这种许可要么完全免费，要么符合合理非歧视原则。虽然，专利权人拥有上述义务，但标准化组织始依然是一个中立性质的组织，对专利权人和申请人进行利益平衡，标准化组织并不承担具体审查义务履行的责任。因此，标准化组织并不亲自参与到具体义务的落实中，这些义务的履行依然还是通过专利权人和被许可人双方意思自治达成合意来实现。

　　企业推出的标准大多是事实标准。这些事实标准的产生主要通过成员交叉许可的方式实施。为了使得管理更有效率、相应标准能够落实，企业通常会设立专利许可机构进行专职管理。通过标准的范本合同对标准中的专利进行统一的许可管理。因此，标准形成过程中的交叉许可和许可机构通过范本合同进行的一揽子许可是事实标准中的主要方式。

　　总而言之，专利许可和技术标准主要通过以下环节体现：第一是标准制定过程，对于法定标准而言，专利权人必须对标准机构进行授权才能并入标准；而对于事实标准而言，只有众多专利权人交叉许可并形成专利池，才能形成相关标准。第二是标准适用过程，专利权所有人在标准适用后享有专利许可义务，这种许可要么完全免费，要么符合合理非歧视原则。因此，标准中的专利许可主要存在以下问题：标准下的专利强制许可，标准中专利的交叉许可及共享模式，标准中专利许可协议的特点等问题。

（一）标准下的专利强制许可

专利强制许可是指，一国的专利行政部门在不经专利权人同意的前提下，依照法律规定，对于专利进行强制许可的一种行政措施。这种措施不同于多数情况下的自由使用和自愿许可，而是由国家行政部门通过法律规定直接介入，因此被称为强制许可。相较于事实标准而言，专利强制许可往往出现在法定标准的过程中，因为法定标准才可能有政府部门的参与空间。

在法定标准的制定环节中，标准化机构首先会去获得专利权人的许可，一旦被拒绝，而该项专利又不可或缺，那么，标准化机构会遵循以下几个程序。

第一，标准化组织会组织专家对相应专利进行必要性的再评估，是不是确实必要的；第二，一旦此项专利确实无可取代，那么就考虑是否能够通过技术开发达到相应目的；第三，无法解决的话，相应标准的制定工作或者可能会被搁置，或者标准化组织会进行专利的强制许可。

专利权所有人在标准适用后享有专利许可义务，这种许可要么完全免费，要么符合 FRAND 原则。虽然，专利权人拥有上述义务，但标准化组织依然是一个中立性质的组织，对专利权人和申请人进行利益平衡，标准化组织并不承担具体审查义务履行的责任。因此，标准化组织并不亲自参与到具体义务的落实中，这些义务的履行依然还是由通过专利权人和被许可人双方意思自治。一旦专利权人滥用专利拒绝许可，那么强制许可的程序就可能会启动。

1.《保护工业产权巴黎公约》中专利强制许可的规定

专利强制许可在《保护工业产权巴黎公约》中主要体现在第 5 条 A(2)~(5) 款中。《保护工业产权巴黎公约》规定，所有成员国在面对专利权滥用尤其是不赋予专利权的情形下，都有权采取专利强制许可。

《保护工业产权巴黎公约》规定，一旦专利强制许可不能消除滥用专利权带来的后果，成员国可以取消专利权。因为专利权的取消后果较为严重，因此必须慎重适用。取消专利权的诉讼有期限限制，在颁发第一个强制许可证之日起 2 年期限届满前，不得进行专利权取消的诉讼。同时申请强制许可也有时间限制，除非自申请专利之日起满 4 年或授予专利权满 3 年，否则不得申请颁发强制许可证。

强制许可证不具有独占性并且不能单独进行转让。因此，经专利权人许可的第三人的使用权不能被剥夺，其仍然可以合法实施其专利，这可以规制获得强制许可证的人。

在《保护工业产权巴黎公约》的规定中，强制许可的限制条件只有滥用专利的情形。而在各国的立法中，国家安全或者公共重大利益以及"从属专利"（Sub-Patent）的情形也是强制许可的限制条件。

2. TRIPs 中强制许可的规定

沿袭《保护工业产权巴黎公约》的传统，TRIPs 也规定了专利的强制许可。不过，相较《保护工业产权巴黎公约》而言，TRIPs 规定的专利强制许可情形更多，当然适用条件也更为苛刻。

依据 TRIPs，以下三种情形，成员可以批准专利强制许可：①面临国家紧急状态或其他类似的特别紧急情况；②为了公共利益，如公共卫生的需要；③意图使用人已经尽最大努力同专利权人进行协商，在无正当理由的情况下、在合理的条件和期限内依然没有获得许可。需要注意的是，第一和第二种情形并不要求与专利权人的事前协商，但有关人员具有通知义务，即应在获得强制许可后立即通知专利权人。

在适用条件方面，TRIPs 也规定了以下苛刻的条件，主要包括：①官方授予强制许可必须依据个案的具体情况具体分析，不能一概而论；②对于强制许可的范围和期限进行了限制，其不能突破原有的目的，尤其是半导体技术，只能针对公共利益或反不正当竞争行为进行非商业性使用或救济使用；③强制许可不具有独占性；④强制许可无法单独转让，只有同相应的商誉一并转让；⑤强制许可不能应用于出口的用途，只能在成员国内市场使用；⑥如果导致强制许可的情形不复存在，则应立刻中止强制许可的继续实施；⑦强制许可不是免费的，具有有偿性；⑧强制许可必须有所约束，其法律效力必须接受司法监督或独立审查；⑨为了改进发明而对基础专利进行强制许可必须满足以下条件：第一改进发明必须是重大技术进步且能产生经济效益，第二基础专利权人可以取得改进发明的交叉许可，第三强制许可不能单独转让。

3. 我国《专利法》中强制许可的规定

在我国，《专利法》第 48 ~ 55 条以及《专利法实施细则》的第 72、73 条是我国专利强制许可制度的法律依据。我国对于专利强制许可的规定基本沿袭了 TRIPs 的规定。我国专利强制许可主要分为三类：①面对专利权滥用尤其是不赋予专利权的情形下，有权采取专利强制许可；②为了社会公共利益，如公共卫生的需要给予的强制许可；③为了改进发明而对基础专利进行强制许可。

在实践中第一种情况是主要情况，面对专利权滥用颁发强制许可证必须满足以下四个要件：①申请人必须有条件、有可能实施专利；②意图使用人已经尽最大努力同专利权人进行协商，在无正当理由的情况下、在合理的条件和期限内依然没有获得许可，才能申请实施强制许可；③对于第二个条件，申请人必须向有关部门提交有关证明文件进行证明；④对于申请及证明文件，有关部门必须认真审查，并允许专利人进行意见答辩。

同时，我国《专利法实施细则》还对强制许可的范围和期限进行了限制，其不能突破原有的目的。尤其是半导体技术，只能针对公共利益或反不正当竞争行为进行非商业性使用或救济使用，同时强制许可不能出口，只能供国内市场需要使用。这些规定与 TRIPs 基本一致。

需要注意的是，即使是强制许可，被许可人并不是没有义务的：①强制许可并不是免费的，被许可人向专利权人支付专利使用费是必要的；②强制许可不具有独占性，并且被许可人无权分许可；③强制许可不能突破规定的范围和方式，必须在原有的规定内实施专利。

（二）标准中专利的交叉许可及共享模式

专利的交叉许可或共享模式是指不同专利权人之间达成的一种协议，约定任一方所拥有的专利权其他各方均可以使用。这一许可模式对市场竞争往往具有正面、积极的影响：首先，通过技术共享实现技术互补；其次，节省了多次许可所耗费的资源，降低交易成本；再次，将相互之间存在排斥的阻碍扫除；最后，有效减少侵权诉讼的发生，节约诉讼资源的同时避免了成本耗费。但积极影响仅是交叉许可的一个方面，在某些情况下，其也会对市场竞争带来阻碍。在某些交叉许可的过程中可能存在限制竞争的行为，如集体定价、规定产量等，假如这些行为所形成的经济联合并未因此而取得经济效率的显著提高，那么便会对市场秩序造成干扰。

美国司法部与联邦贸易委员会曾于 1995 年 4 月 6 日发布了《知识产权特许协议中的反托拉斯指南》（Antitrust Guidelines for the Licensing of Intellectual Property），根据该指南的规定，当存在交叉许可的情况时，若该协议能够有效提高经济效率，那么此协议通常会受到尊重。但若并未提高经济效率，则极有可能被认定为对经济贸易的违法限制。因为交叉许可协议涉及的各个权利人彼此之间可能存在竞争关系，经过交叉许可协议的捆绑，将使得正常的市场竞争秩序受到破坏。

共享模式虽具有开放性，但也无需对所有人开放，拒绝个别主体加入共享模式通常不会对正常的市场竞争产生阻碍，但如果被拒绝的主体在许可技术所涉及的相关市场上无法有效参与竞争，并且共享模式的参与主体在相关市场上具有支配、垄断地位，此时便可能对竞争造成负面影响。

共享模式的优势在于其能够借助规模效应的力量，同时还可以利用其他参与主体所拥有的互补性技术来促进市场的繁荣。但促进作用并非一直存在，阻碍和破坏也相伴而生。当某一共享模式对参与者的研发造成了沉重打击，阻碍了其进行创造性活动，此时共享模式的负面影响也就显现。例如，共享模式通常要求成员之间互相给予专利授权，并且以极低的费用授予，授权的技术不仅包括目前已经获得的，还包括之后可能取得的。这一做法会严重打击各主体的创造力，使得所有成员都期待对方可以研究出最新技术，而不愿主动创新。因此，我们应当避免共享模式大面积覆盖研发活动，否则便需要注意对垄断行为的预防。

（三）标准中专利许可协议的特点

专利许可协议中的条款往往涉及各方的权利义务，因此通常比较繁杂，且条款数目众多。根据协议中条款具体目的的不同，可以将各个条款划分为商务性条款、技术性条款和法律性条款三类。商务性条款主要是指关于价格和支付要求的条款，同时合同的前言部分以及对相关名词的定义也属于商务性条款的内容；技术性条款则包括合同的范围、权利保证、专利的获得与维持等非法律性内容的条款；法律性条款则是与合同的性质和效力紧密相关的条款，合同约定的内容、侵权与保密约定、违约救济、争议解决、有效期限、生效时间等都属于此类条款。与版权等其他类型的知识产权许可相比，专利许可协议有其特殊性，含有某些特有的内容，主要就是其中的技术性条款。专利许可协议中的技术性条款所规定的内容主要是关于权利的各个方面，而并非针对技术本身。因为获得专利权保护就意味着其技术方案已经处于公众可以知晓的状态之下，因此在许可协议中无需对技术的具体内容进行过多描述，许可人也无需向被许可人提供相关技术资料或给予技术指导。

1. 标准中专利许可协议的权利义务

（1）专利许可合同的范围。专利许可合同的范围属于合同的标的或授权内容，作用在于可以确定协议约定的对象、提供的途径、授权行为的属性、被许可人可以行使专利权的范围。一般情况下，许可协议中的此类条款在对使用对象进行约定时仅写明专利名称和专利号，因为专利的其他详细信息都可以通过公开渠道获得，专利名称和专利号便可以将专利权锁定。在合同范围条款中占据较大比例的内容是关于授权形式、内容和范围的描述，因为这些事项对双方的权利义务都有重要影响。

（2）专利授权的核心内容。即便是尚未获得授权、正处于申请阶段的专利也可以成为许可协议的对象，对于此类专利，许可人理应积极协助以最终获得专利授权，包括及时提出进行实质审查的请求、准备相关文件等。同时，为了避免意外情况，双方还应当对申请失败后的责任承担进行约定，明确违约责任。

除了应当积极取得最终的授权，对于已经拥有专利权的技术，许可人还应当肩负维护义务，即保证在协议期限内该专利长期有效，其中按期缴纳专利年费便是维持专利有效的重要前提。对于年费的缴纳主体，双方可以结合实际情况进行约定，既可以由许可人缴纳，也可以约定由被许可人负责，并从需要缴纳的使用费中抵扣。

在部分许可协议中我们还可以看到这样的维持条款，即许可人对协议期间该专利失去效力的情形承担责任、提供保证，若该专利被宣告无效，那么被许可人则可以以许可人的上述行为而为由声明协议无效，并要求许可人返还使用费。专利权归于无效的原因可能是多种多样的，未按时缴纳保护费、已经存在在先技术等。但无论何种原因，若出现失效的情况，那么被许可人将无需再向许可人支付费用，因为此时仍要求被许可人支付使用费的行为在大部分国家都被视为限制性条款。当然，若该专利为一揽子专利，则应另当别论，因为其中一项专利的状态并不会对其他专利造成影响。

在专利权失去效力之后，被许可人通常希望许可人可以返还前期已经支付的使用费，但从许可人的角度而言，返还使用费将使其利益严重受损，所以在实践中这一问题也十分复杂。一般而言，我们应当根据不同的失效情况进行区别对待。如果失效是由于保护期限届满、未按时缴纳专利年费或权利人主动放弃等原因导致的，此时许可人一般无需返还使用费。因为虽然此时专利权已经失去效力，但在此之前，专利的效力是完整、真实的，被许可人也通过使用专利获得了一定利益，所以使用费无需返还。但若专利权自协议签订时便不具备效力，此时许可人便应当返还之前收取的使用费。但这种看法仅是众多观点之一，依然存在很多争议，有学者便认为即便是自始无效，被许可人也通过之前的使用行为获得了一定收益，所以不应当要求许可人返还使用费，否则将造成双方协议的不合理分配。

（3）授权过程中的权利保证。专利的技术内容具有公开性，所以包括被许可人在内的任何人都可以通过正当途径获得专利的技术要点。既然被许可人在协议签订之前便可以了解专利内容，因此其也可以预先对专利技术的价值和实施效果进行预判和评估。基于此，许可人通常并不会对其专利技术的最终效果进行保证，需要被许可人自己进行判断，但权利效力本身则需要许可人负责。例如，在协议中约定，许可人将附录中记载的产品独占许可给被许可人使用，就属于授权条款。有些协议还会约定当专利权被他人提出疑问时的责任分担，即许可人应当承担保证责任。

（4）未来权益归属问题。该条款主要针对在之后的技术运用过程中，若出现了技术进步，则如何确定改进后技术的利益归属，以及双方如何提供改进后的技术。这些内容都需要事先在协议中进行明确约定，否则一旦发生争议将较难定夺。在许多许可协议中我们会见到这样的条款，即许可人禁止被许可人对所获专利进行改良或发展，即便允许也要求改进所得的技术归属于许可人。此类内容的出现是权利人出于利益垄断的目的所采取的对策，而且权利人通常认为后期的技术改进都离不开自己原本拥有的专利。但是这种禁止技术改进或垄断改进利益的约定在很多国家都被视为限制性条款。

（5）不争条款的处理问题。不争条款是指专利权人将专利技术授权技术被许可方使用后，在技术许可合同的有效期内，技术被许可方不得以任何理由针对专利是否具备合法性这一问题提出异议以及向法院提出无效诉讼。根据具体内容，该条款又可称作"不得反控条款"。

但是，截至目前，我国法律尚未对不争条款做出明确规定。根据我国《专利法》第45条的规定，请求专利复审委员会宣告专利无效的主体是任何单位和个人。除此之外，根据《合同法》第329条的规定，非法垄断技术、妨碍技术进步的合同无效。不争条款虽然有益于技术许可协议的履行，但是却会对技术进步造成阻碍，且不利于市场的公平竞争秩序。因此，最高人民法院在2001年颁布的《关于审理技术合同纠纷案件若干问题的纪要》中规定的"非法垄断技术，妨碍技术进步"的情形之一就包括"禁止技术接受方对合同标的技术的知识产权有效性提出异议的条件"。由此可见，根据该纪要的规定，不争条款应当属于无效条款。

（6）对默认弃权问题的处理。有些国家在法律中规定，合同一方的当事人在一定期限内没有积极行使合同权利，那么有可能被视为其已经放弃了该部分权力。由于专利许可协议约定的使用期限一般较长，当事人在长时间内不行使相应权利的情况比较常见。为此，技术许可的双方当事人往往会在协议中约定不弃权条款，意在防止默认弃权情况的出现。不弃权条款有很多种表述方式，其中最为典型的一种便是："合同当事人如未及时行使合同权利，并不意味着当事人放弃了合同权利。当事人如果只行使了部分权利，亦不意味着放弃了其余未行使的权利。"

专利许可协议的内容有很多，除了上述主要内容外，其他较为常见的内容还包括不可抗力、协议修改程序等方面规定。

2. 标准中专利许可的范本合同

企业联盟一般都会建立专门的许可机构，并且利用这一专门机构推出标准的许可范本。一般来说，有专门机构推出的这类许可往往都是以范本合同的形式呈现的。

范本合同，都是由一方当事人事前拟定好的，方便将来与不特定的多数人进行合作的协议。范本合同拟定之后，一般不会同意对方当事人对合同的具体条款和内容做出改动。范本合同的产生与社会经济交往的频繁有关，为了提升交易效率，社会上开始出现能够重复使用的范本合同。对于范本合同在经济社会交易活动中适用的普遍性，有学者认为与以下三方面原因有很大关系：第一，与法律行为具有强制性有关；第二，经济交易市场中存在着大量的缔约行为并且几乎每日都在重复，其中占据市场支配地位或垄断地位的企业一般为了获取利润方便、快捷，习惯于选择使用范本合同；第三，在现代社会生活中，因为便捷、高效的生活节奏，包括企业和顾客在内的大部分市场主体都希望能够对缔约过程进行简化。凡事有利则有弊。范本合同在提高市场交易效率的同时，也会导致具有强势市场地位的一方滥用此优势损害对方当事人的利益。由于标准的制定者较之标准的采用者对标准适用具有更强的市场优势地位，两者竞争力量悬殊，因此在这一方面，范本合同适用导致的弊端显得更为严重。

范本合同也需要尊重公平、自由的原则，但在某些情况下，若提供方未进行详细说明，接受方又无法修改合同内容或对内容理解不到位，此时便可能导致范本合同背离公平与自由的原则。为了避免此类情况的出现，各国往往采取多种手段对这一问题进行综合防治。若在合同制定过程中存在合法有效的要约，并针对要约及时做出了有效承诺，此时一般认为该标准所涉的范本合同是有效的。在具体认定时，一方面范本合同的提供方应当履行恰当的提示义务，使对方意识到该合同的范本性质；另一方面则要求范本合同在拟定时便应当删除异常或显失公平的条款。

二、标准必要专利的许可费

（一）专利权由"私权"向"公化"的流转

专利权是私权，是法律赋予权利人的一项合法垄断权。基于专利权的垄断权属性，权利人可以享有以下权利：一是能够合法阻却他人就相同技术方案申请专利权或者使用该项技术方案；二是享有设置专利权授权许可使用的前提条件，如技术许可费、许可使用的地域和时间等。其中，收取技术许可费是权利人最为重要的权利之一，是实现技术研发创新、经济回报的一条有效路径。但是如果权利人所拥有的专利属于标准必要专利，那么权利人所享有的自主设置技术许可条件的权利就会受到限制。这是因为一旦某项专利技术被并入国际性标准化组织制定或认可的技术标准中，这些专利技术便会因为技术标准的统一性和强制性在某些产品或领域得到较高程度的认可，其他与该项专利技术相似的技术方案会因为技术标准的存在而无法取代专利技术，从而导致权利人在标准必要专利许可市场中占据绝对优势，享有市场支配地位。如果此时仍然放任权利人自由设置技术许可条件，如自由选择被许可人、随意定价技术许可费，势必导致市场竞争出现不正当、不稳定等情况，不利于技术更新进步、产品市场的繁荣和人们生活的便捷，违背了国际性标准化组织确定国际标准或行业标准的宗旨和目的。通过对上述情况的综合考虑，为避免权利人在标准必要专利许可市场滥用市场支配地位不利情况的出现，国际性标准化组织在制定或认可某一权利人的专利技术作为技术标准的必要专利时，都会要求权利人今后进行专利许可必须遵循公平、合理、和无歧视的条件，即 FRAND 原则。以欧洲电信标准协会为例，它在协会的知识产权政策中明确规定，任何知识产权被并入技术标准时，权利人必须要做出声明，未来在进行知识产权技术许可时将会严格遵循公平、合理和无歧视原则。

权利人一旦做出了公平、合理和无歧视的承诺，将会给标准必要专利权人带来两方面重要影响：其一，自然是能够给标准必要专利权人带来较大经济利益。企业拥有的专利技术被并入技术标准成为必要专利，对于企业自身的生产成本而言必然是降低了，有利于扩大销售规模。而且由于其他企业必须使用该项标准必要专利，势必会增加权利人进行专利技术许可的机会，增加技术授权许可的经济利益。其二，既然是承诺，自然会对权利人产生约束。在专利技术没有被并入技术标准之前，权利人可以自主设立技术许可的条件，如可以提出较高的专利许可费抑或对被许可方提出一些许可要求。但是，专利技术被并入技术标准后，权利人进行技术许可的自主权就丧失了，其不能随意选择被许可人，也不能任意定价技术许可费，一切行事必须符合该项承诺要求。一言以蔽之，专利技术被并入技术标准成为必要专利为权利人在相关市场中占据市场支配地位提供了条件，前述 FRAND 承诺用来限制权利人不会滥用市场支配地位的原则，避免权利人借助标准必要专利在市场上利用不正当手段获取额外经济收益。学者波斯纳曾指出，FRAND 承诺是标准必要专利许可费是基于专利自身价值而定价的保障。纵观专利权人做出 FRAND 承诺的前后态度对比，整个过程中，专利权人的权利是处于一种"稀释的状态"，承诺后依然还是权利人，但是权利的效力、范畴、力度都大大缩减，这种"权利缩水"的情况也让权利人的私权内涵受到了极大的挑战。对于整个社会的公益而言，权利人权力的受限虽然有利于社会的整体发展，但是毕竟私权是保护个体利益最根本、最核心的存在，在私权和公益矛盾之下的双方最终也彼此相互妥协，以期实现共赢。从现在的发展趋势看，虽然表象上"私权"确实向"公益"做出了让步妥协，权利稀释流转的过程中也发生了很多争执和矛盾，但当矛盾解决的时候，社会经济和行业水平又一次得到了极大的提升。从客观上讲，标准化的发展趋势还是有助于社会整体生产力的提高，因此短期内，该种方式将会成为一种主流的商业模式。

综上所述，标准化组织与标准必要专利权人就之后标准必要专利技术许可的条件达成 FRAND 承诺，但事实上这项承诺对标准化组织并无影响，主要目的在于限制和约束标准必要专利权人的技术许可行为，防止其在技术许可市场不正当地进行技术许可行为，滥用市场支配地位，损害市场上被许可方的经济利益。对标准必要专利权人进行规制的思路与反垄断法解决占据市场支配地位的企业的垄断行为的逻辑基本相同。在《反垄断法》中，在相关市场占据支配地位的企业很难受到市场其他经营者带来的竞争压力，也就是说其受到市场的约束或限制程度较低，那么企业就可能实施于己有利而损害他人的不正当市场竞争行为。面对这样的市场，我们可以将其定性为市场严重缺失有效竞争。对于在该市场中占据支配地位的企业，就需要获得来自市场之外的监管机制，防止其滥用市场支配地位和实施不正当的市场竞争手段。

（二）许可费由"高额垄断"向"公共回报"的流转

事实上，对标准化组织而言，标准必要专利权人向其做出 FRAND 承诺存在两方面的意义：其一，标准化组织作为公共机构，要求标准必要专利权人做出该承诺是为了履行社会责任；其二，标准化组织成员很多，既有技术标准必要专利的许可人，也有被许可人。而且随着时间的推移，标准化组织的规模会继续扩大，将会有越来越多的新成员加入。出于对这些组织成员利益的综合考量，标准化组织必然会要求权利人做出 FRAND 承诺。FRAND 承诺不仅有利于标准必要专利权人收取合理的技术许可费，回报权利人在技术研发创新阶段付出的智力劳动，而且也有利于标准必要专利被许可方不受权利人的劫持而交纳过高的技术许可费，保证双方协商过程和结果的公平、合理和无歧视。标准必要专利的本质仍然是专利技术，与一般专利技术一样能够进行市场交易活动，如技术许可等活动。但是又由于其被并入技术标准的特殊性，一些滥用市场地位的行为又将受到更多的限制和制约。在整个 FRAND 承诺的过程中，许可费由承诺前的"高额垄断"变成了承诺后的"公共回报"，对于到底哪种方式能为企业带来更高的利润、更大的发展优势，我们还无法进行一个系统全面的比较。尽管站在社会公共利益的角度来看，专利权人的 FRAND 承诺推动了专利实施的推广，丰富了生活的物资，促进了经济的发展，但对于专利权人自身而言，做出 FRAND 承诺，未必一定是利大于弊的事。但同时笔者相信，专利权人不会受到太大的损失，毕竟几乎绝大多数标准必要专利权人的经营状态都是比较良好的，当然这未必是许可费的回报足够高的原因，也可能是整个集团的业务收入稳定、技术基础实力强劲、市场竞争优势多元化等因素影响的。

从标准必要专利权人向标准化组织做出的 FRAND 承诺来看，似乎是该项承诺约束了标准必要专利权人的某些行为。但是从法律法规的规定分析，即使标准必要专利权人没有做出 FRAND 承诺，基于他们在必要专利许可市场享有的支配地位，《反垄断法》也可以对他们的交易行为进行规制。自由并不是绝对的，当市场上存在有效竞争时，即某一技术方案不是唯一的、不可替代的，专利权人在市场上自主设置技术许可的条件是一定被允许的，即使权利人定价很高，只要被许可方接受，那么任何法律都不会限制该项合法交易。但是，如果某一专利技术具备唯一性、不可替代性，这就表明该市场中缺失对该专利技术的有效竞争，那么权利人随意设置技术许可的条件就会受到限制，收取过高的专利技术许可费就会受到司法、行政机关的干预。

结合本章开篇案例华为诉 IDC 案件，审理法院认为，FRAND 条件的落脚点在于合理和无歧视，那么依据 FRAND 条件收取的专利技术许可费最关键的特征就是具备合理性。此处的合理性在法院看来应当具备两方面含义：其一，收取的专利技术许可费应当是合理的；其二，从不同被许可人处收取的技术许可费也应当是合理的，即他们之间的许可费不存在较大差异。法院在认定 FRAND 许可费时进行了综合判断：第一，要判断被许可人使用授权许可的专利技术能够获得的利润大小，并且要判断该部分所获利润占据整个产品所获利润的比例。这是因为，一项产品经过销售之后所获的利润是由多方面因素构成的，产品质量的优质、品牌溢价、市场营销手段高超等情况也会促使某一产品获取较高利润。专利许可费只能就由专利使用提升产品利润的部分进行收费，而不能以整个产品所获得利润为基数授权费用。第二，标准必要专利权人收取 FRAND 许可费的法律基础在于他人使用了该项专利技术，故其也就只能就专利技术的使用收取许可费，不应当借助技术标准的强制适用特性授权额外费用。第三，被许可人没有必要向标准必要专利权人支付标准必要专利之外技术的许可费。第四，一件产品可能涉及多个授权专利，这些专利的授权许可费用只能占据产品整体利润的一定比例，就这一部分费用可供多个专利权人根据相应比例合理分配。

上述内容对 FRAND 许可费所需考量的因素进行了较为全面的分析，能够帮助实现公平合理地收取 FRAND 许可费的目的，但是这些做法实际上都只能算是纸上谈兵，难以在司法实践中得到落实和执行。这是因为，一件技术产品中必然存在成百上千个技术标准，而每一项标准又有可能存在成百上千个必要专利。但是，想要准确判断每一项必要专利对产品利润的贡献有多大却是不可能实现的，因为每一项必要专利都是产品得以形成的必要条件。所以说，在司法实践中，尽管可以将上述考量因素作为参考，但是法院想要准确判定标准必要专利的许可费仍然很困难。

因此，华为诉 IDC 一案的审理法院在确定 FRAND 许可费时以"无歧视"原则作为考量重点。也就是说，依据这一原则，IDC 在授权他人使用其标准必要专利时收取的许可费或者许可费率应当是无歧视的，即条件相当的被许可方应当被同等对待，不能存在较大差别。法院在该案判决中认为，权利人在进行标准必要专利授权许可时，收取一方的技术许可费或费率高于相同条件的另一方，那么被收取较高许可费或根据较高费率被收许可费的一方有理由提出其遭受了歧视，主张标准必要专利权人违反技术许可费收取无歧视的承诺。在该案中，法院将 IDC 与多家技术公司进行的技术许可交易情况进行了比较，其中重点比较了其与苹果公司和三星公司的标准必要专利技术许可情况。该案法院之所以做出这样的比较是因为苹果公司、三星公司和华为公司在业务市场方面近似，都生产、销售达到国际技术标准的无线通信设备。也就是说，这三家公司在无线通信领域均需要使用 IDC 标准必要专利。另外，从企业的世界排名来看，苹果公司和三星公司市值高于华为公司，借助 IDC 与这两家公司达成的技术许可费或费率能够为华为公司与 IDC 之间的技术许可费提供有价值的参考。但是，IDC 与苹果公司和三星公司之间就标准必要专利的技术许可费并不相同，且存在极为巨大的差异，它们之间就技术许可费的确定的背景情况完全不同。IDC 与苹果公司达成的技术许可协议是非诉讼、公平协商的结果，而与三星公司之间的技术许可费却是司法力量干涉后的结果。法院认为 IDC 与苹果公司在自愿协商条件下达成的协议更具代表性，因此重点分析了它们之间就标准必要专利约定的技术许可费。据了解，苹果公司在 2007 年到 2014 年间在全球市场共计获得营业收入约 3000 亿美元，而此期间 IDC 就标准必要专利向苹果公司仅仅收取技术许可费约 5600 万美元，占营业收入比例仅为 0.0187%。但是，IDC 在与华为公司就涉及无线通信领域标准必要专利磋商技术许可费的过程中，历次叫价均远远高于苹果公司的费率。以 2012 年第四次磋商为例，IDC 要求华为公司自 2009 年至 2016 年期间，根据每年公司销售收入的 2% 交纳技术许可费。然而，一件技术产品在市场上的毛利率只有 3%，由此可见，IDC 提出的技术许可费率无疑是剥夺了华为公司在市场上获得的全部利润，显然是不公平的。因此，该案法院综合判断上述情况，最终确定 IDC 向华为公司就标准必要专利收取技术许可费的费率不应高于 0.019%。

针对法院的这一做法，IDC 提出了反驳意见，它主张向苹果公司收取技术许可费的费率不能简单根据一次性技术许可费除以苹果公司的营业总收入来计算。法院认可 IDC 这一观点，但同时也指出在 IDC 拒绝提供详细准确的标准必要专利技术许可费的背景下，法院只能选择以这种方式确定技术许可费费率，即以 IDC 收取的技术许可费除以被许可方的营业收入。笔者对法院的做法持支持态度。首先，由于华为公司和苹果公司在全球市场的营业收入完全不同，苹果公司这一数额远远高于华为公司。如果法院简单地以 IDC 收取苹果公司的一次性技术许可费作为华为公司应当交纳的技术许可费，肯定是不公平的。其次，权利人就标准必要专利收取技术许可费的具体情况只有权利人自己最为清楚，如果权利人不向法院公布有自己掌握的这一详细情况，法院很难准确评估这一数额。但为了能够解决涉及技术许可费的法律纠纷，法院只能结合其所能掌握的所有资料公平公正地确定技术许可费数额。

根据 IDC 向国际性标准化组织做出的 FRAND 承诺，法院认为 IDC 向华为公司收取技术许可费的条件违背了公平、合理等原则，难以具备正当性：其一，IDC 年报曾指出其与其他公司协商确定的技术许可费与产品在市场的销售价格相关联，同时承认 2009 年至 2011 年间这一数额越来越低。这一趋势在 IDC 与苹果公司和三星公司之间就标准必要专利达成的有关技术许可费等协议上得到直接体现。但是，与这一总体趋势相反或者说与苹果公司、三星公司等被许可方不同，IDC 在这几年向华为公司收取的技术许可费却是呈现出大幅上涨的趋势。因此，IDC 向华为公司索要的技术许可费难谓公平。其二，IDC 向华为公司授权使用标准必要专利的另一项不合理条件是要求华为公司将自己所享有的所有专利技术免费许可 IDC 使用。在技术领域，企业之间达成交叉许可是很正常的事，这有利于各方突破技术障碍，降低技术成本。但是，该案法院强调，IDC 在向华为公司就标准必要专利已经索要较高的技术许可费的情况下仍然要求华为公司将自有专利免费许可 IDC 使用，这一行为严重违背了公平、合理原则，更加证明 IDC 向华为公司收取的高昂技术许可费是不公平的。在该案中，法院根据公平、合理和无歧视原则充分分析了 IDC 向华为公司收取技术许可费应当考量的因素，最终确定华为公司应当交纳的 FRAND 技术许可费数额。

第二节　利益平衡视角下的许可制度分析

通过对 FRAND 原则的分析可以看出，其主要是源于对专利技术进行有效管理的需要。正因为如此，对标准必要专利权人的限制就成了该原则制定并出台的一个重要目的。当然，从技术标准方面来分析，其具有开放性的特点。对于那些私有属性的专利权来说，在标准执行过程中，可能会存在一定的矛盾。总的来说，该原则目前在很多国家都得到了应用，其一方面是为了对专利权过度扩张进行必要的限制，另一方面是为了确保专利权人的合法权益得到有效保障。在专利标准化程序前，对于专利权人来说，在他的专利被明确为具体的技术标准前，其必须要做出 FRAND 承诺。例如，对于专利权人来说，其应当发表声明，"在其权利项下将按照合理非歧视的条款和条件在全球范围内向申请人实施全球化许可"。根据欧洲电信标准协会公布的《程序规则》的相关条款可以看出，"当 ETSI 发现了有关标准或技术规格的必要知识产权时，其应当对权利人提出具体的要求，让他们在 3 个月内做出不可撤销的书面承诺。除此之外，他们还应当要求权利人声明其将在公平、合理、非歧视原则下就其知识产权授予不可撤销之许可。"具体分析过程中，如果我们将专利阻抑行为看作是超过了正当边界的权利滥用行为，那么我们就可以将 FRAND 原则看作是判断行为是否超过了正当边界的判断标准。通过对 FRAND 原则的分析可以看出，该原则实际上就相当于是一把"尺子"，其对专利权权利人的行为进行丈量，看他们是否越界。对于专利权人来说，其在正式做出了承诺之后，就需要采取有效措施来实施专利许可。通过对各环节的分析可以看出，必要专利权人的相关行为必须符合 FRAND 原则的规定，如果不符合 FRAND 原则，则认为是违背了公平、合理的限制条件，即专利人的行为已经是对权利边界的逾越。

一、公平性原则下的利益平衡

从公平性原则来分析，其非常关注双方在谈判过程中的地位是否平衡。通常情况下，专利许可谈判过程中会涉及很多的内容。对于谈判的当事人来说，他们在谈判过程中，对于技术的成熟度以及今后的潜力等都会进行充分的分析和研究，并且围绕这些方面来展开谈判，通过谈判，最终双方的预期都能够得到基本的满足。对于许可双方来说，如果他们的目标是存在差异的，此时他们可以退出谈判，而无需付出任何其他的成本。在退出谈判之后，他们可以去寻找新的合作对象。当然，在标准必要谈判的过程中，必要专利权人实际上是该项技术的绝对拥有者，其他人是很难拥有这项技术的，因此，在谈判过程中，被许可一方就处于弱势地位，因为他们如果不获得专利许可，就无法开展相应的商业活动。在谈判过程中，就算是面对不公平的情况，被许可一方也是很难选择退出谈判的，因为一旦退出，他们就彻底没有任何机会。基于此，为了使得这种不公平的现状得到缓解，使谈判双方的地位尽可能达到平衡，必须要对专利权人进行必要的限制，让他们遵循公平、平等的市场化谈判机制，让被许可方的意愿也能够得到充分的考虑。

二、合理性原则下的利益平衡

合理性是指双方达成的专利许可条件的合理性。对于任何一个专利权人来说，合理补偿必须充分考虑两个方面的因素：第一个方面是要考虑其在研发方面所投入的具体成本；第二个方面是要考虑预期的市场价值。从被许可一方来进行考虑，合理许可实际上和生产成本等存在非常密切的联系。此外，合理成本还应当考虑市场的定价等。对于被许可人来说，其从许可中应当能够获得市场增益，如果为了获得许可付出了太高的代价，导致其无法获得市场增益，则显然是不合理的。在具体的谈判过程中，对于谈判的当事人来说，他们一般都会通过折中的方式来使得彼此都比较满意。当然，在专利标准化体系背景下分析，在谈判过程中，双方的地位是存在明显的不平等的，专利权人完全掌握了谈判的主动权，这使得被许可方不得不按照许可方的要求来进行操作，从而导致最终的结果失去了最基本的公平。基于此，合理性原则主要的目的就是为了使得谈判当事人的利益都能够达成平衡的状态。

三、非歧视性原则的利益平衡

非歧视性原则实际上是对必要权利人的一种约束，要求其对于所有存在意向的被许可人，都应当要给予相同的待遇，不得带有任何的偏见。在谈判过程中，不得要求某一主体付出的成本明显高于其他的主体。在实际操作过程中，对于必要专利权人来说，其在实施歧视性许可过程中，是有很多的表现形式的。例如，他们可能会达成内部的协议，并对组织成员外的被许可人施以更高额的许可定价，从而保障组织内部成员的技术优势地位。此外，对于相当一部分标准必要专利权人来说，他们很有可能自身属于纵向性企业，并且参与下游产品的生产以及销售等诸多的环节。基于此，他们很有可能会对其他的竞争者实施歧视性许可，从而使得自己的市场占有率得到保障。由此可以看出，该原则实际上是对标准必要专利权人提出了一种新的要求，要求他们必须给予同类竞争者相对一致的许可条件，不能凭借自身的优势来获得不正当竞争优势。总而言之，非歧视性原则对于限制必要专利权人能够发挥一定的作用。

第三节　我国现行标准必要专利许可制度的问题

一、专利所有人与专利实施者的利益冲突

专利标准化对于促进专利事业的发展发挥了重要作用，但是另一方面，其又使得专利垄断性和技术标准开放性之间的关系变得紧张。为了使得这种紧张的关系变得更加平衡，需要充分发挥标准必要专利许可费的计算作用。在计算过程中，不能因为公众对标准化专利的技术依赖性高而使得费用明显过高。如果明显过高，则会导致相关的技术标准无法发挥出其自身的价值，这样一来，专利技术的推广变得十分困难，对于社会发展是不利的。此外，在许可费的去顶方面，必须保持合理的数额，不能够太低。如果太低，则会使得专利权人的积极性降低，不利于激励专利权人的研发工作。

二、许可费计算方式的不确定性

从 FRAND 原则自身来分析，其作为衡量的具体标准，在衡量许可费是否合理方面，发挥了重要作用。但是，从上面的分析可以看出，无论是非歧视性原则还是公平原则等，他们实际上都是比较抽象的原则，他们的内涵是比较宽泛的，难以完全界定清楚，因此，在许可费的计算方面，这些原则能够发挥出来的作用是非常有限的。此外，由于专利许可费的计算过程中涉及的内容非常多，且很多因素会对许可费的计算产生影响，使得许可费的计算变得十分复杂。此外，由于时间、地点等因素的影响以及企业自身情况的差异，同样会导致许可费的计算难度加大。例如，必要专利技术的价值在实践中很有可能就包含了技术标准中的其他专利和非专利技术的价值，但是被许可人使用专利技术产生的利润还可能包含其他相关的市场利润。因为，具体的衡量标准是不确定的，因此，对于双方来说，在许可费数额方面，其实是非常不固定的，弹性比较大，这会导致很多问题。从实践来看，许可费计算的复杂性已经成为专利侵权诉讼的重要因素。例如，微软公司起诉摩托罗拉公司一案中，导致该案发生的一个重要原因就是因为许可费的计算出现了问题。在摩托罗拉公司看来，他们主张以 2.25% 的比例，因此，微软公司每年应当支付 40 亿美元。但是，微软公司却不同意这一主张，其认为，应当每年支付 12 亿美元，只有这样才是

公平合理的。最终法院认为，摩托罗拉公司所提出的许可费过高，而微软公司提出的许可费过低，判决微软公司每年向摩托罗拉公司支付许可费18亿美元。

三、平衡费率不确定性带来的消极影响

通常情况下，终端技术产品正式上市销售之前，是有很多的环节的，而这些环节都会涉及成本投入。这些成本，最终还是要由消费者来承担的。从实践操作来看，如果专利权人获得的许可费过高，且被许可人不得已接受了这一价格，最终他们也会想尽一切办法，将这些费用转嫁到消费者身上，从而导致产品价格升高。从技术标准体系方面来分析，每一项专利许可费必须要根据具体的标准来进行单独的计算，这样计算得到的单个专利的许可费的总额最终会比技术组合的整体价值大很多。例如，欧洲3G电信标准组织已经收到了超过6000项必要专利申请，这些专利累计叠加的专利许可费率超过了130%。如此可以看出，在许可费的计算方面，还可能涉及消费者利益等方面的问题。

第四节　我国标准必要专利许可费计算的完善建议

一、我国许可费计算模式的发展趋势

（一）前期对专利应用推广的倾向性模式

总结之前的司法实践案例我们不难看出，法院的裁判方向是明显倾向于低于正常许可使用费的授权模式。例如，2008年，辽宁省高院就原告季强、刘辉诉被告朝阳兴诺公司专利侵权纠纷上诉案中的技术标准的执行行为是否构成专利侵权的问题请示了最高人民法院。最高人民法院认为，一方面，专利权人参与了标准的制定，并且也同意专利被并入技术标准，在此情况下，就可以视为他已经许可其他人执行该标准；另一方面，专利许可费是否合适方面，最高人民法院指出，专利权人可以要求被许可人支付使用费，但是具体的数额必须比正常的许可费率低。笔者认为，上述做法中，将"明显低于正常许可使用费"作为实际专利许可费的确定标准，虽然在专利的应用推广中起到了很好的行业促进作用，但其实际上并不见得是一种客观公正的做法，因为该种做法并没有对专利的市场价值进行考虑，会导致专利权人的正当利益受到损害。

（二）以 FRAND 原则为核心的模式转变

根据我国工商总局出台的《关于禁止滥用知识产权排除、限制竞争行为的规定》可以看出，如果专利权人违背了 FRAND 原则，实施了禁止性行为，会受到相应的制裁。总体上来说，FRAND 原则已经被看作是标准必要专利权许可是否合理和公平的衡量标准，在专利许可费方面，其必须符合 FRAND 原则的要求。从以往的"明显低于正常许可使用费"标准逐步向公平、合理和非歧视模式转变，在一定程度上反映出我国在专利许可费计算方面的理念在发生变化。

根据最高人民法院公布的《关于审理侵犯专利权纠纷案件应用法律若干问题的解释（二）》（公开征求意见稿）可以看出，法院在审理类似案件的过程中，都会充分考虑 FRAND 原则。在此基础上，法院还应当对专利的创新程度等因素进行考虑。该解释进一步明确了在标准必要专利许可中确定许可费需要考虑的诸多要素。

二、对我国许可费计算模式的完善建议

（一）充分尊重"公平、合理、无歧视"原则在许可费中的价值作用

之所以提出 FRAND 原则，一个非常重要的原因就是为了限制标准必要专利权人在未来的许可谈判能力，从而确保谈判过程的相对公平性，使得谈判双方的地位变得更加平衡。当然，该原则的提出，并不意味着所有的问题都将得到解决。事实上，目前还存在很多的争议。实践中，很多的标准必要专利许可费的个案争议有时候和专利权人滥用权利没有直接的联系，也有可能是因为双方无法达成合意后的一种诉讼纠纷，和专利权人滥用权利可能没有必然的联系。例如，在 Ericsson 诉 D-link 一案中，法院认为现有的证据还不能够证明 Ericsson 利用其标准必要专利向遵循技术标准的生产企业索要更高的许可费率。而在具体计算过程中，法院一方面要确保专利权人的合法权益得到保护，另一方面又要充分尊重市场，遵循市场自由定价的原则，防止过度干预。如果过度干预并限制专利权人的获利水平，则会导致他们研发的积极性受到影响，这对于技术创新是十分不利的。

（二）许可费的计算方式应更具灵活性

1. 基本许可费率的确定可以借鉴其他涉案费率

在上述许可费计算的过程中，对于专利权人来说，其在专利转化前已经接

受的许可费实际上可以作为计算的一个重要参考。之所以可以将其作为重要参考，主要是因为该种方式使得专利权人在事后借助市场支配优势的可能性很大程度上被排除了。通过对专利权人以往已经做出的许可的分析，相关的部门还需要进一步比较该项技术的市场价值是否发生了很大的改变，此外，还需要对许可形式以及地域范围等因素进行考虑，并且对其商业情形进行比较分析。通过上述比较分析，裁决机关最终可以判断出标准必要专利权人所要求的费率是否过高。在没有很好的计算依据的情况下，这样的方式对于保障被许可人的权益是非常重要的。例如，在 IDC 公司诉华为公司的案件当中，法院在判决过程中，就是采用了这种比较的方法，根据证据认定 IDC 公司与苹果公司等相关年份实施的实际许可交易费率，对前后报价进行比较分析，认为华为在市场份额更小的情况下，却被要求付出更高的许可费，这显然是与公平、合理原则相违背的。

2. 专利价值的区分对费率计算的推动作用

对构成价值进行区分确定，并不是说在许可费的计算过程中不注重产品的整体价值，而是要指出只有产品核心价值的部分才对标准必要专利的费率起到实际作用，而并非全部产品价值都对专利起到了作用。当然，在实际操作过程中，如果标准必要专利技术贡献价值涉及产品每一个部分，则产品整体市场价值就应当被考虑到，并成为计算的具体依据。需要指出的是，在具体的计算过程中，标准中的所有专利技术特征要和非专利技术特征分开来看，许可费应当是技术标准中所真实包含的价值。总的来说，在具体计算过程中，采用这一标准，能够更好地确保最终结果的公平合理。

第七章　标准必要专利的禁令制度

创新是科技的动力，没有创新，文化将止步不前，创新在人类的发展史上发挥着重要的作用，人类的每一步跨越都离不开对创新的追求。作为市场推动力量的核心要素，竞争在整个市场经济发展的平台上占有举足轻重的位置。在竞争与创新的推动下，现代经济社会愈发注重对知识产权的保护。同时，知识产权也推动了科技的创新及市场的竞争。这是现代经济发展的重要策略。简言之，《知识产权法》和《竞争法》的目标与人类的竞争性活动的目标相吻合。二者如同磁之两极，相互影响，相互作用。竞争在某种程度上极大地提高了经济运行效率，为一个国家经济的发展提供了巨大的支持。《竞争法》的实施和拓展不但维护了消费者应有的利益，体现了法律对公民的保护，也保障了社会公共利益。《知识产权法》通过限制某些竞争方式来有效保护权利人的利益，同时也变相激励了人们在知识经济领域的竞争。《竞争法》限制了部分竞争行为，以此来保障和促进市场竞争行为的良性循环，但事实上限制竞争行为会压制相关行业中的现有或潜在的竞争力。二者目标相似，但实现目标的途径却大相径庭。这种巨大的差异使这两种法律制度冲突激烈，但也有着千丝万缕的内在联系。

知识产权的地位随着市场经济的日渐深入发展，在市场竞争中越来越突出。知识产权制度和竞争法律制度的交叉越来越多，不能孤立讨论。随着社会的逐步发展，社会对二者关系的认识愈发加深，过去仅从宏观角度论述，已不足以应对社会经济现状。随着二者之间的碰撞越来越频繁，二者的交互也更加充分，如今已不能斩断或无视二者之间千丝万缕的联系。因此，从微观层面考虑并梳理两者之间的关系，具有紧迫性和必要性。同时，这也是探求两者之间平衡点的有效途径。

标准必要专利使得标准与专利进一步融合，也加快了技术与规则的融合效果，实证了商品或服务的通用性、广泛性等共性特点，同时扩大了创新举措优势的拓展和发挥。但当某项专利的使用成为"必需"，达到特定市场既有规则的极限时，专利的排他性影响将被深化，专利权利人转变为标准必要专利权利人，占据技术领先地位。与过去相比，标准必要专利相关的竞争法规制方面的科研成果获得了许多国家竞争执法机构的关注，理论和实务关注的重点在于寻找标准必要专利独占性与市场竞争秩序之间的平衡点。这几年，对于标准必要专利权人的救济滥用行为的讨论，已然成为全球专利侵权诉争的热点和难点，尤其在一些国家和地区，禁令救济行为也成了制度保障漏洞中的一部分，本章就此相关问题，将进行进一步的梳理和分析。

第一节　标准必要专利的禁令制度

企业间的竞争模式现如今已发生了巨大的转变，掌握技术的一方就掌握了市场，标准必要专利权利人在专利授权过程中通过申请颁布禁令从而限制、打压谈判对手的现象愈演愈烈。在一些欧美国家的法律中，我国法律中规定的停止侵权被称之为禁令。TRIPS 第 44 条的规定："司法当局应有权责令当事人停止侵权。如果这类救济不符合国内法，则应做出确认权属的宣告并给予适当补偿。"此外，我国《专利法》第 66 条规定了可以责令侵权人立即停止侵权行为。对专利权人的禁令请求权，学界存在三种不同的观点：第一种观点认为，应当完全不限制发布禁令；第二种观点认为，应当全面限制发布禁令；第三种观点认为，在特定条件下，可以发布禁令。其中，笔者支持第三种观点，特定条件下颁布的禁令，能够更好地平衡权利人和专利实施者的利益，有助于专利技术实施的广泛推广。同样，禁令制度作为一把双刃剑，其申请与不合理使用在全世界范围内已日趋常态化，现实案例随处可见：美国的苹果诉三星案、苹果诉摩托罗拉案，欧盟的三星案、摩托罗拉案，我国华为公司对 IDC 的诉讼案件等，不胜枚举。这些案例对于中国是否需要采取一系列的反垄断措施、制定相关政策来保证标准必要专利的禁令可以在合法依规的框架内运行等问题，都具有现实意义，需要做进一步的考量。

一、禁令的限制

在权利受到侵害之时，要求侵权人停止侵权或赔偿损失似乎已经成为权利的应有之义，知识产权也不例外。而且权利人所拥有的停止侵害请求权直接决定了财产权客体具有较强的排他性，可以排除他人的侵占。

但知识产权毕竟不同于一般的物权，知识产权的客体是无形的，知识产权范围内的停止侵权请求权无法仅仅局限于特定领域之内。因此，法律往往需要为知识产权提供有别于其他法律客体的特殊规制，对知识产权权利人的停止侵权请求权进行必要的规范和限制，以避免其权利范围过大导致各方利益的失衡。因为若不进行必要的限制，这一漏洞便为部分投机者借助其所持有的知识产权进行不正当的竞争创造了条件，对正常的市场竞争环境造成破坏，并有碍于技术创新。尤其是无线通信、半导体技术、软件产业等行业，由于这些行业对技术的依赖性强、需求大，因此与技术标准化的联系也就更为紧密，这些行业中的专利权人为了让自己的专利技术得以成为通行标准，往往选择向标准化组织做出承诺，即承诺遵循 FRAND 原则许可他人使用专利。但在实际操作中，一旦其专利技术成为标准，又往往会拒绝履行 FRAND 原则，拒绝授权其他企业使用其专利技术，或者在许可的过程中索要高昂的费用，为其他使用人设置了过高的门槛，更有甚者以恶意诉讼的方式索要高价费用，演化为"专利流氓"。正是由于此类情况的频繁出现，法律也不得不对以往的先授权后使用的模式进行调整，对权利人的禁令请求权进行一定的限制。一方面，部分专利权人出于牟利的目的而请求法院向潜在的善意使用人发放禁止令或者主张侵权，从而使停止侵权请求权成为权利人谋取不当利益的工具；另一方面，那些潜在的使用人在面临侵权诉讼和高额许可费时，往往会选择后者，因为比较二者之间的代价，支付许可费相对而言更为合算，这样也就使得权利人得以以提起诉讼为要挟提高许可费额度。正如欧盟委员会在针对三星公司标准必要专利做出的决定中所指出的那样，标准必要专利所有人通过要求停止侵权一方面打压了其他竞争对手，使得其他竞争者失去市场竞争力，另一方面也使得潜在使用者在谈判过程中处于不利地位，不得不接受权利人提出的不利条件。

二、专利劫持与反向专利劫持

虽然标准必要专利的权利人行使停止侵权请求权可能会产生专利劫持，但这并不意味着专利权人无权通过请求发布禁令寻求救济，只是在某些特殊情况的前提下，权利人的禁令救济应当受到限制。例如，在上述华为与 IDC 的纠纷之中，法院之所以认为 IDC 提起禁令之诉会导致市场支配地位的滥用，原因之一便在于华为与 IDC 在针对授权许可进行谈判的过程中表现出了善意，其希望 IDC 可以履行之前做出的 FRAND 承诺。

事实上，标准必要专利在本质上仍然是一种专利权，具备私权的属性，因此在多数情况下标准必要专利权人依然可以通过各种方式寻求法律的救济。例如，如果被许可使用人经济水平严重下降，甚至已经无法按照其承诺支付使用费时，专利权人当然有权寻求禁令救济；使用人不在法院管辖范围之内，从而导致经济补偿无法实现等也属于此类情况。由此我们可以看出，如果一味地剥夺专利权人通过行使停止侵权请求权来寻求救济也可能为使用人的不法行为提供便利，使用人为了谋求不正当利益也可能损害专利权人的合法利益，如拖延或拒绝支付使用费等，从而形成与专利劫持相对应的"反向专利劫持"。

使用人的此种行为使得专利权人的智慧成果得不到尊重，付出的劳动得不到回报，从而打击其创新的积极性，不利于社会公众创新精神的形成和培养，使得社会整体利益受到损害。那么标准必要专利权人究竟何时可以行使停止侵权请求权，何时又需要对其禁令请求权进行限制？专利技术的潜在使用人需要满足怎样的善意要求才能限制权利人的请求权？

针对这一问题，我们可以参考德国联邦最高法院的判决，从中汲取有益的经验。德国联邦最高法院在 2009 年针对橘皮书标准案做出的一项判决中指明，潜在专利使用人若想对抗权利人的禁令请求权必须满足两个要件：首先，潜在使用人向专利权人发出了要约，并明确表明协议达成后其将自愿受协议约束，同时该要约必须合理、可接受，且不能附加其他要求，也不能撤销；其次，潜在使用人应当保证向专利权人支付约定的使用费。在这一判决中，有一问题受到了各方争论，即潜在使用人是否负有预先交付预期许可费的义务。部分学者认为这一义务可以较好地实现各方利益的平衡，防止侵权行为的发生；但也有部分学者认为使用人背负这一义务实际上处于十分不利的处境，因为使用人若想参与特定行业的市场竞争，其就不得不使用该行业的标准必要专利，此时要求其背负沉重的义务，将使其更为被动。欧洲法院总法律顾问 Wathelet 认为该案的判决标准不能一刀切式地推行于所有标准必要专利案件，因为这可能导致对专利权人利益的保护力度过强；但该案中的标准并非法定标准，仅为事实标准，专利权人也未曾承诺依据 FRAND 原则进行专利许可，所以只要使用费不至于超过合理的限度，就不能认为其行使停止侵权请求权的行为属于权利滥用行为。

与前述案件判决不同，欧美反垄断执法机构普遍认为，在判断专利权人的禁令请求是否合理时并不需要考虑如此多的因素，只需确定专利权人是否事先做出过 FRAND 承诺，如果权利人作出了承诺，那么其提出的禁令请求就无法得到支持。正如欧盟委员会针对三星公司标准必要专利纠纷所强调的那样，虽然专利权人通过申请禁令以实现权利救济并不天然等同于权利滥用，但在某些特殊情况下，由于公平性的缺失，极有可能使正当的维权行为转化为权力滥用行为。而哪些情况属于特殊情况呢？例如，在欧洲的无线通信行业范围内通行 UMTS 标准，该标准的存在使得该技术标准的专利权人可能挟持该专利技术，借机要求使用人支付高昂且不合理的使用费，此种情况便属于特殊情况；再例如，UMTS 标准的专利权人向 ETSI 承诺将履行 FRAND 原则，将专利技术许可给他人使用，这就意味着专利权人意识到其收益来源于授权许可费用的支付，而非通过排除他人的竞争来获利。换言之，当某一项技术标准被广泛地应用，甚至演变为行业的通行标准，此时如果专利权人承诺依据 FRAND 原则进行授权许可，同时使用人也并未明确表示拒绝 FRAND 条件，那么专利权人便无权再提起禁令之诉，否则便不具备合理性和正当性。而且，只要潜在使用人并非不同意以 FRAND 条件签订合同，那么权利人也无权仅以权利的存在为由主张禁令的正当、合理。而欧盟法院总法律顾问则表示，假如使用人同意 FRAND 条款的意思表示不具有确定性，或约束力不足，那么此种意思表示并不能成为阻止权利人主张停止侵权的理由。

随着判决标准的日益明晰，欧盟法院在近日的一份判决中进一步明确了专利权人提起禁令救济的条件以及使用人发起抗辩的条件。与之前德国法院针对橘皮书标准案和欧盟委员会针对三星公司纠纷的处理方式不同，欧盟法院选择了一条完全不同的折中途径。不同于德国法院的做法，欧盟法院认为标准必要专利的权利人若希望通过发布禁令来寻求权利救济，首先应当向侵权人发出通知，通知侵权情况的存在以及侵权方式，通知不能采用口头方式，必须以书面通知的形式；其次，侵权人若同意在 FRAND 条件的框架下签订合同，权利人便应当向侵权人做出签订合同的意思表示，形成要约，并在要约中明确许可使用的具体要求，包括使用费的数额以及如何计算使用费。欧盟法院之所以采取此类限制措施，其原因主要包括以下两方面：首先，技术标准与专利之间在数量上并非一一对应的关系，一项技术标准中往往蕴含多项专利，我们不能要求使用人对技术标准中包含的所有专利权都知晓，所以要求专利权人在发现侵权行为时应当及时通知侵权人；其次，在禁令之诉中，相较于侵权使用人，专利权人处于更为主动的地位，其为了实现权利救济势必会对相关信息进行充分的了解和掌握，要求其向侵权使用人说明 FRAND 许可使用条件更具可行性，而且既然权利人已经做出了承诺，就应当对许可行为进行自我约束，假如公众尤其是潜在使用人不知晓许可条件，那么他人便无法对侵权使用人所获得的许可是否符合条件进行判断。

欧盟法院的观点与三星公司纠纷案中欧盟委员会的态度也有所不同，欧盟法院认为侵权使用人若想对权利人提起的禁令之诉发起抗辩，应当在发起抗辩之前与权利人针对许可费问题进行磋商，在磋商时应当对权利人提起的要约及时做出回应，回应的方式应当按照商业惯例，同时以善意的方式做出，但如果使用人不同意该要约，使用人也应当及时向权利人发出书面的反要约。假如权利人和使用人无法基于磋商就反要约达成一致意见，则双方应当立即借助独立第三方来就具体的许可条件进行决断。此时，为了保证使用人能够支付使用费，其应当提供一定的担保，如银行担保或者托管账号。换言之，如果侵权使用人坚持使用专利技术，但却拒绝对权利人的要约进行反馈或反馈不及时，那么此时标准必要专利权人要求停止侵权的主张便应当得到支持，不属于滥用市场支配地位的行为。

前文曾提到美国司法部和专利商标局曾联合发布了一份政策声明，该声明认为标准必要专利的权利人行使停止侵权请求权可能对市场秩序和社会公共利益造成损害。但欧盟法院则认为既不能因对权利人权利的保护而破坏自由竞争秩序，也不能为了保证自由竞争而损害权利人利益，重点应当是努力在二者之间进行协调，不能认为专利权人做出了 FRAND 承诺就表明其不会再通过申请禁令来实现权利，笔者认为欧盟法院的这一观点更为恰当。虽然标准必要专利的权利人行使停止侵权请求权可能导致权力的滥用，但侵权使用人通过拖延磋商来实现"反向专利劫持"也是对良性市场环境的塑造形成障碍，进而导致社会公共利益受损，相关执法机构和法院也必须采取对策加以限制。

通过对上述不同机构和法院观点和态度的对比，我们可以发现虽然不同部门针对权利人提起的禁令之诉看法不一，但总体而言，若权利人在自愿的基础上承诺将以 FRAND 条件许可其他使用人使用其专利技术，同时使用人也愿意接受该条件，此时专利权人依然提起禁令之诉就属于对权力的滥用，是滥用市场支配地位的行为。在华为公司与 IDC 一案的判决中，法院认为在华为公司积极与 IDC 进行了善意的磋商后，IDC 仍然拒绝依据 FRAND 条件许可华为使用其专利技术，同时对有关报价进行了不合理的变动，并在美国提起禁令之诉，这种行为本质上属于借助诉讼的力量迫使华为不得已而同意 IDC 提出的不合理的许可条件，是一种不正当的竞争行为。该判决反映了我国法院在对待标准必要专利权人的禁令之诉时采取了与国际社会通行做法相一致的态度，认为 IDC 的做法违反了《反垄断法》的规定，是对其市场支配地位的滥用，应当受到限制。

第二节　利益平衡视角下的禁令制度分析

一、禁令制度与 FRAND 原则

FRAND 原则的提出，可以杜绝上述潜在风险，让使用方保证整个过程都在公平、平等的环境下进行，使标准必要专利在实施的过程中不被卷入一些不

必要的纠纷中。国际电信联盟（以下简称 ITU）针对这些可能存在的问题提出了相关见解，认为专利使用者有机会运用标准必要专利是"行业准则的唯一目标"。与此同时，如果标准必要专利权利人保证愿意主动遵守 FRAND 原则，那么这一原则也能对权利人起到极大的约束作用，滥用禁令的现象也可以得到遏制。欧洲电信标准协会（以下简称 ETSI）曾经颁布了相关的法律条文对其提出了一些要求，为了使市场内流通的商品能够更加广泛且合理地被使用，各个业内的企业都要在不泄露企业机密的前提下将自己的专利技术呈现给 ETSI；或者在公司的技术将被批准为标准时，权利人要保证资源遵守 FRAND 原则并且不得违背，从而达到标准必要专利可以被正常实施的目的，为企业争取更多利益。

众多专家对于必须遵守 FRAND 原则的这一承诺能否让权利人针对使用者申请禁令并做出相应的处理持有不同的态度。美国的马克·莱姆利和卡尔·夏皮罗认为，权利人在保证自愿主动遵守 FRAND 原则来实施的情况下，将没有申请禁令的权利和机会。也就是说，标准必要专利权利人表示自己愿意遵守 FRAND 原则后，就代表自己保证不再向司法机构提出申请禁令的请求。也有学者认为，标准必要专利权利人表明遵守 FRAND 原则的态度后，再申请禁令是危害市场环境的，有意图垄断的倾向，对此，专利使用者可以依据相关法律向法院寻求帮助，对权利人做出相应处罚。但是也有一些学者认为，就算标准必要专利权利人提出愿意遵守 FRAND 原则，日后也有权力向有关机构对于使用者的一些行为申请禁令。可以看出，在这个问题上众多学者难以达成一致，但共同的一点是，标准必要专利权利人在企业竞争中占据了主导地位，其完全有可能运用自身优势在市场中形成垄断的局面，对整个经济环境来说都存在着极大的潜在风险，所以，颁布相关法律来制止这一现象的发生是十分有必要的。

与此同时，学者针对 FRAND 原则所包含的内容范围和在市场中起到的效用也持有不同的态度。第一，标准化组织对于 FRAND 原则的内容界定不清晰，且相关的文字描述存在一定的歧义，在真正的执行过程中往往难以达到预期效果甚至带来负面影响，而且现实情况是，很多标准必要专利权利人并不愿意主动遵守 FRAND 原则，所以在实践当中，专利权人与专利的使用者往往难以达成统一的意见，这就增加了协商的难度。第二，从法律层面来讲，虽然可以将遵守 FRAND 原则的标准必要专利权利人的行为界限厘清，在司法机关进行审判的过程中可以将其视作有效的条件，但是在法律层面，合法的限制条件是很少的，并不能在审判中起到应有的作用。第三，FRAND 原则虽然可以在一定程度上对权利人的行为进行限制，但在实际情况下却难以发挥其效用，因为实施标准与其在法律层面没有相互制约。因此，在实际案例中，虽然标准必要专利权利人表示其愿意遵守 FRAND 原则，但是并不能一劳永逸，权利人仍然可以向有关机构申请禁令，并且存在滥用禁令的风险。

对此我们可以得出结论，标准必要专利的不可复制性和不可替代性都会使权利人在竞争中采取不恰当的手段获得高额利润，甚至击垮业内其他的公司，破坏整个市场的健康发展。禁令的申请在一定程度上会给市场带来不小的冲击；并且 FRAND 原则也不是一条万能的准则，在某些特定情况下很难发挥效用，所以，将其并入法律规定是十分必要的举措。

二、禁令制度与不正当竞争

为了生产出合乎要求的产品，使其在市场上有序流通，需要一定的技术标准作为支撑，由此便诞生了标准必要专利。标准必要专利和普通专利具有同样的特性，没有固定形态，容易被大批量复制，所以，其也面临着可能会被侵犯的风险，进行损害标准必要专利权利人的合法权益。一旦标准必要专利涉嫌受到侵害，其权利人同样可以向有关司法机构申请禁令保障自身权益，依法获得应有的赔偿并对侵权者做出处罚。除此之外，标准必要专利也与传统意义上的专利存在差别。技术层面上，标准必要专利是业内生产经营所必不可少的一项重要因素，其唯一性特点会导致企业竞争趋于垄断。换句话说，标准必要专利权利人申请禁令来保证自己在业内竞争中立于不败地位，从而击垮其他竞争对手是合乎常理的，所以，为了保证市场经济平稳有序运行、保证公平机制发挥效用以及保证消费者的合法权益，必须对禁令滥用做出明确的规定。2011 年，针对苹果公司诉讼案，日本的法院认为，一般情况下，对于符合 FRAND 原则的使用者，标准必要专利权利人申请禁令救济属于权利的不正当使用；2012 年，针对 Motorola 案，欧盟委员会在经过一系列取证调查后做出裁决，其申请禁令并不符合市场竞争的规则；2015 年，针对三星案，美国反托拉斯局对该公司用禁令来逼迫使用者进行妥协的事实是否遵守了《谢尔曼法》第二条采取调查措施。通过对以上现实案例的分析，我们可以发现，无论是在哪个国家，标准必要专利申请禁令都引起了足够的重视，也得出了这种不恰当的权利使用行为在市场上很有可能带来负面影响的结论。

追根溯源，产生上述情况的原因是标准必要专利权利人自我约束能力不足，面对诱人的利益便投机取巧地不停申请禁令保护，面对市场压力选择了逃避，利用申请禁令这一手段不断为自己带来利益而不顾对市场条件的破坏。

首先，标准必要专利权利人在市场中往往处于主导性地位。标准技术为其带来了推动性的帮助，这就使权利人往往在交易活动中占据了绝对优势地位，对于定价更是拥有几乎绝对的发言权，显然，绝大多数企业在这一过程中都会不断扩张自己的利益需求，将价格提高许多倍甚至远远高于市场平均水平，以此来赚取巨额的许可费；也有一些权利人用申请禁令的手段来胁迫善意被授权人做出许多不合理的选择，甚至带有歧视意味；更有甚者采取恶意诉讼的手段来向专利技术实施者索取天价许可费，成了"专利流氓"。在一些现代化的科技领域，如智能移动设备生产行业，这些现象更为普遍，且问题更为棘手和难以解决，而与此同时这些企业需要高标准的专利技术，所以众多经营者在经营管理的过程中不得不遵照一些统一的法律规定。禁令的合理运用自然会带来极大的利好，但滥用禁令无疑会对市场造成难以挽回的重创，破坏原有的竞争结构和合理秩序。2012 年的 Motorola 一案中，欧盟委员会经过取证审核将其判定为不遵守竞争原则，原因是在整个期间，被告方在符合市场规定的前提下采取了申请措施，但起诉方置之不理并以拒绝的态度向法院再次起诉了苹果公司。从一定程度上来说，Motorola 公司的这一起诉过程没有在市场中达到垄断效应，但这并不代表其申请禁令是合乎规定的，显然其诉讼事实已经构成了滥用，在市场中引起的负面后果也是真实存在的，法院对其的审判结果是公正合理的。

除此之外，标准必要专利凭借其自身在市场中的绝对优势地位和重要作用，在制造生产过程中发挥着必不可少的作用，从而更加体现出封锁效应。各企业想要在行业内得到良好的发展，制造出优良的产品，就必须得到专利技术的使用权。由于某项技术是不可替换的，所以申请不到使用权就会被行业所淘汰，面临倒闭风险，加之企业在标准必要专利方面花费巨大，一旦要改变则需要更多的投资，对企业来讲转换成本是一个重要的问题。所以，一旦申请了某项专利的授权，就代表着使用者被锁在了这上面而难以脱身。此外，封锁效应也是现实存在的一个重要问题，因为申请禁令的行为代表着权利人对潜在被许可人默示的拒绝许可或者推定的拒绝许可，由此，制造材料的上游供给被隔断，下游制造生产及销售过程的秩序被破坏。我国商务部在诺基亚一案中经过调查发现，企业聚集后可能对第三方造成封锁效应，就是典型例证。在诺基亚合并阿尔卡特朗讯公司的处理结果中，执法机构说明"要求诺基亚在公平竞争情况下，不可以使用申请标准必要专利的禁令手段来破坏符合 FRAND 原则的标准的执行，除非权利人已经给出了基于 FRAND 原则的许可承诺，而潜在被许可人却没有善意遵循 FRAND 许可并按照规定执行"。在执法过程中，由于该公司拥有业内标准必要专利，而且在此专利对其他同行业的公司生产经营造成一定威胁时，权利人就可能采取一些非常手段比如申请禁令在行业内形成垄断的态势，破坏原有的健康架构，使一些企业走上破产的道路。就封锁效应而言，标准必要专利在这方面发挥的效应是超乎想象的，由于专利容易在同行业内被广泛传播使用，标准必要专利所带来的后果将是极为严重的，对许多企业都存在着威胁。

三、禁令制度中的行为分析

（一）专利所有人谋求不当利益的行为分析

禁令是在权利人权利受损失时，为避免更大损失而寻求司法救济的一项具体手段。其可通过此程序来实现其权利维护之目的，并据此来避免侵犯行为影响的扩大。除此之外，还可利用此项规则来实现对证据等诉讼资料的保全。如将其应用至专利权的救济范围之中，禁令规则具有更为广阔的适用空间，其能体现出的实际应用价值远超过损害所能起到的作用。一方面，其可进一步实现专利权所赋予权利人在该项技术上的"垄断"地位；另一方面，其可实现专利权所意图构建的激励效用。因此，禁令规则在专利权权利实现以及权利维持上具有无可替代的作用。标准必要专利给权利人带来的市场统治地位，使权利人具有了在市场交易环境下的绝对话语权，其可利用其支配地位，来实现其对经济利益的诉求，这实质上是一种滥用其经济地位的行为。在此种现实环境之下，禁令救济制度，在权利人层面上会成为其谋求不当利益的行为手段。通过多种样态的具体表现，来侵占被许可人的市场地位，以此来实现权利人的经济利益取向。

结合技术信息的自身特性，其所形成的开放性特质，使得众多经营环境中的竞争主体能够适应市场竞争中的现实需求，在获得现有标准必要专利权利人许可之前，即大量围绕此而投产众多产品。其中最为典型的例证，即为华为公司与 IDC 公司间的纠纷所揭示出的现实状况。因此，在此经济背景下，权利人既有可能利用司法所赋予其的禁令手段，对相应的市场竞争主体进行打压，也有可能苛令其产品退出市场，技术生产者为避免经济损失的扩大，而被迫接受标准必要专利权人的经济"勒索"，为此付出高昂的许可费用。因此，禁令救济不仅仅可以作为权利人维权的手段，在标准必要专利语境下，还有可能成为权利人权利滥用的具体路径。

（二）专利实施人对权利人侵害的行为分析

标准必要专利的权利人因标准开放属性与专利权属性上的矛盾，无法获得通常意义下的民事禁令措施的保护，其无法通过司法手段获取对其权利的有效维护。同样是基于技术标准公开化的大背景，司法裁判者对传统的惩罚性赔偿持更为审慎的态度，对侵犯标准必要专利的行为人通常会依据 FRAND 原则所确立的许可费用，来确定其对于权利人的债务数额。因此，不可否认会出现一种可能性，即行为人会基于经济上的利益取向而对相应的许可费率选择模式。而此种情形在权利人层面上所造成的附随状况是，权利人无法基于自身法定权利而获得其应有的经济收益，其维权措施同样无法在司法环境下被落实。更进一步，其在专利开发过程中所进行的资源投入无法取得应有的反馈，这很有可能触及知识产权法所意图实现的在智力成果上的激励循环。

第三节　我国标准必要专利禁令制度的问题

在我国，法律条文中并没有"禁令"这一词汇的存在，但存在着具有同等效力的相关法律措施。与英美法系中的"临时性禁令"效果可以说是如出一辙。在国内，虽然标准必要专利禁令有着独特的一面，不过仍然属于专利侵权的范围，二者具有许多共通之处。所以，如何分析标准必要专利的禁令使用，要取决于相关法律规定，在特定的限定条件下进行评估分析才能达到良好的效果。

最高人民法院发布的《关于审理侵犯专利权纠纷案件应用法律若干问题的解释（二）》第二十四条对标准必要专利的禁令救济进行了规定。该条规定为标准必要专利权人申请禁令救济提供了法律依据，但并没有涉及标准必要专利禁令救济滥用的法律规制。

《专利法》第六十六条第一款的规定，对标准必要专利禁令进行了很好的解释。在实际案例中，标准必要专利权利人也有法可依，可以妥善保护自身利益，但是其中并没有提到禁令不恰当使用的相关解释。最高人民法院颁布的《关于审理侵犯专利权纠纷案件应用法律若干问题的解释（二）》第二十四条对标准必要专利的禁令申请进行了解释说明，即把禁令通过和所需规定进行串联，在保证符合法律约束的前提下，根据标准必要专利权利人、专利技术使用者在整个协商调解过程中的不同情况，对标准必要专利权利人和专利技术使用者的行为归类进行划分，前者的"故意违反""导致无法达成合同"和后者的"无明显过错"，令整个过程在合法依规条件下进行。但该条款同样也没有深入地阐述禁令不合理使用的问题，只是表示当标准必要专利权利人谈判过程中不带有善意时，其申请禁令的举动得不到司法部门的肯定。并且，这项规定是在专利技术相关情况被公布的情况下先考虑诉讼方的个人不当行为，再确定是否有必要中止专利技术的使用以及给出相应的法律处罚。这仍然是在原有法律的基础上对这一问题进行解释说明，而没有真正起到法律规定的应有效力。

我国《反垄断法》第五十五条对既有的问题做出了很好的规定，但在实践中其可操作性相对较弱，对知识产权的滥用限制依然有限。换句话说，法律并没有拒绝申请禁令，无论是对何种专利权利人来说，只要在法律范围内做出行为，均有申请禁令的权力和机会，而且与法律规定并不相违背。但是，当标准必要专利权人做出了影响市场秩序、违背企业约束的相应操作时，仍然要受到法律的约束，得到相应的处罚。即使这样，第五十五条也仅仅是象征性地对不恰当行使权力者做出了一些约束，在实际案例中难以真正发挥其作用，使用起来具有一定的难度。其中第十七条对不合理使用权力者在竞争中所处的优势位置进行了细致的划分，但是也没有将不合理使用禁令与企业的竞争位置进行联合解释。在实际的市场经营状态下，许多标准必要专利权利人往往恶意申请禁令来收取高额的费用，以此要挟使用者不得不答应一些不平等的条件，这完全违背了市场竞争的既有规定，在权利人达到其目的之后可能会在市场中形成垄断态势，这种行为可以被认定为拒绝使用者获取专利。而此时不合理使用禁令的做法正如第十七条中所陈述的不正当行为，定价超出原有价值、提出违背原则的要求等，同时也可以将其视为新模式的、不同于传统意义上的不合理运用市场地位的做法。毋庸置疑，我国在法律制定上还需要进一步完善，不断填补法律漏洞，制定出更加科学、全面、有实操性的法律制度。

我国颁布的《关于禁止滥用知识产权排除、限制竞争行为的规定》第十三条规定了一些防止垄断现象发生的条款，但没有对标准必要专利禁令申请问题做出全面客观的解释。比如其没有对在专利被通知符合规定时，保证遵守FRAND原则的标准必要专利权利人，针对善意专利使用者申请禁令的行为，是否要对其做出相应的限制给出解释。

据此可得出结论，针对标准必要专利禁令的不合理使用，到目前为止，我国在法律制定方面上有所提及但不是很全面，至今还未给出配套的实施细则与相关解释。

第四节　我国标准必要专利禁令救济制度的完善建议

与自然科学相比，法学具有一定的滞后性，在科技迅速发展的今天，法学的逻辑分析、对比研究、归纳总结等过程需要司法实践的积累和验证，所以对于新兴领域问题的解决或多或少会遇到屏障，司法实践中的经验积累对于制度构建而言具有至关重要的作用。以国内的华为诉讼案为开端，关于标准必要专利的纠纷问题也开始不断涌现，司法领域也不断尝试在实践中对该类案件进行公正科学的处置，如微软集团诉讼案、诺基亚公司购并案等。这些案例的审判为国内相关法律的制定和完善起到了助推作用，为我国标准必要专利相关的救济制度的构建呈现出了多类型的参考样本。

一、我国标准必要专利禁令救济模式的发展趋势

（一）前期的事后补救模式

现阶段，我国在标准必要专利禁令救济措施方面，还没有做出具体有效的规定。此外，在普通专利侵权救济问题方面，尽管已经有了部分规定，但是较为零散，没有形成体系。从我国《专利法》可以看出，对于专利权人来说，如果其能够证明其他人实施了侵权行为，则其可以向法院提起诉讼，要求法院裁定侵权人立即停止侵权行为。由于这是一种民事责任，因此，只有已经发生并且持续发生的侵权行为才能够得到法院的支持。从该层面来分析，我国规定的诉前停止侵权的救济手段和域外永久禁令制度在外延上还是存在较大的差异，域外的规定更加注重防止侵权人潜在的侵权行为，而我国的规定是一种事后的补救，是在侵权行为已经发生之后的处理方法，二者出发的原始角度完全不同。

（二）后期的新衡平法模式

最高人民法院公布的《最高人民法院关于审理侵犯专利权纠纷案件应用法律若干问题的解释（二）》（公开征求意见稿）对于标准必要专利中的侵权禁令措施的适用问题进行了比较详细的规定，在谈判过程中，如果专利权人违反了 FRAND 原则，导致无法达成一致意见，且被诉侵权人没有明显过错的，此时，如果专利权人起诉要求停止实施技术标准，法院通常是不会支持的。根据该意见稿的内容还可以看出，"停止标准实施行为"和以往规定的"停止侵权行为"是有着明显的差异的。从实质方面来分析，"停止标准实施行为"是衡平法意义上的一种救济措施。另外，对于专利权人来说，其要求停止标准实施行为的请求如果想要获得法院的支持，必须同时满足两个条件：第一个条件是其自身没有做出违反 FRAND 原则的行为；第二个条件是被诉侵权人在协商中存在明显过错。这一规定实际上和欧盟抗辩规则非常相似，任何一方都需要履行好自身的义务，如果一方存在过错，则应当承担不利后果。

二、对我国禁令规则的完善建议

（一）平衡市场自由与国家干预的关系

经济市场契约自由，可以从两方面来解释：一方面是以双方协商资源为前提；另一方面是要注意双方的自愿意思不受其他方面的影响。契约自由从商品经济中衍生而来，其实际含义是公平竞争；契约自由也是市场经济的根本特性。在公平竞争的大环境之下，遵守法制规则毋庸置疑是重要的前提条件，而法规的实施也必须要在双方自愿且公平的基础上才能得以完成。所以，标准必要专利所涉及的双方是否可以完全自愿地服从 FRAND 原则、是否可以申请禁令、在利益受到损害时要如何维护权益等细节，都必须要在双方完全自由且自愿的基础上来决定，而不应该被其他司法机构或政府部门所干涉、影响。事实上，契约的自由性并没有被并入公法范围，并且在使用的过程中往往伴随着很多约束条件，使其真正实施起来具有一定难度，所以如果对此不加以正确使用，很有可能对市场造成冲击，损害原有的稳定架构。比如说，当标准必要专利技术在行业内处于独一无二且必需的地位时，就会造成权利人对其不正当利用，成为业内的垄断企业，这时如果标准必要专利权利人摆脱了 FRAND 的制约，或者在使用者不能答应其不合理、不公平甚至带有歧视意味的要求时向司法机构申请禁令，就会造成禁令滥用现象发生。显然，上述可能存在的情况会在业内掀起轩然大波，不利于整个行业的积极健康发展。所以，契约的自由并不代表毫无约束，恰恰相反，它正需要诸多规定来促进其更好地发挥效用，国家在其中做出相关决策不代表违背其真实意图，而是出于消除其可能带来的风险为出发点所做出的选择。例如，标准的制定者往往要求标准必要专利权利人遵守相关的规定并履行其诺言，出发点是为了保证潜在的使用者可以在平等的地位上与权利人进行沟通，从而获取使用权。故有些时候市场完全可以凭借自净能力进行调控，这时国家方面不应该过多插手，如若不然，则很有可能会使标准必要专利涉及的主体难以实现真正的公平自愿；只有当双方在仔细磋商后依然没有形成一致的意见时，才可以对其采取恰当的调控方式，促成交易。总的来说，标准必要专利中关于能否正确合理使用禁令的相关法条，必须以保证当事人完全自愿为前提，将其与国家宏观调控进行合理平衡，在适当条件下采取恰当的调控方式才是正确之举。

（二）规则的明确化与具体化

专利技术是其所有人所拥有的个人利益，神圣不得侵犯，只有在获得了所有人的允许后方可得以运用。而标准必要专利则与之不同，虽然二者在实质上有相通之处，但标准必要专利是公共财产而不属于某个个人。此外，标准必要专利更有其独特的效用，对于市场秩序的保障、争取社会利益等方面均有突出贡献，因此也使其带有了特殊的意味。尤其是在智能移动设备行业内，其更加发挥了自身的优势作用，成了必不可少的组成部分。也正因如此，当某项技术在市场中广泛需要应用时，如果权利人申请了禁令，将会使其成为行业中的垄断者，并且击垮其他相关企业，破坏市场的运行秩序。这时，反垄断法的重要性就得以体现了，需要有明确的法律规定来约束企业行为，保障市场经济不受破坏，同时更要保障广大消费者的利益，不能让其为沉重的后果买单。这时也更加体现了标准必要专利所具有的公益性，涉及了市场以及购买者多方的利益，许多国家也在实践中积极表明了这一点。2013 年，美国在《基于 FRAND 承诺救济标准必要专利的政策声明》中表明："美国国际贸易委员会（ITC）对符合 FRAND 原则的标准必要专利权利人的排他性救助可能引发专利劫持，危害公平竞争，这样的救助与社会公共权益要求不相符。"三星案中，美国方面没有通过 ITC 请求，原因是 ITC 很有可能会带来一些不可预知的风险和难以解决的问题。据此我们可以得出结论，标准必要专利对市场、社会、消费者的权益拥有很大的影响，无论以何种形式呈现都要进行细致的调查。除此之外，不可以只靠颁发禁令来解决所有的问题，而是要对具体问题进行具体分析，根据不同的特点来全面判断要采取何种解决方式，达到可以稳定市场、维护消费者权益的目的。所以，为标准必要专利禁令所制定的法规一定要以公益性为出发点。

（三）制定与禁令救济相关的反垄断规制

我国在标准必要专利禁令方面制定的法律法规仍有不足之处，以提高实操性为目的，相关部门可以推出《标准必要专利禁令救济反垄断法律规制指南》。该《指南》不但可以与法律起到相同的约束作用，还能从实操层面填补法律中存在的不完善之处，抑或是将一些难以囊括的条文在这里进行详细的解释。笔者认为，该《指南》需要包括以下几点。

1. 明确标准必要专利禁令的实施与采纳都要以相关的法律法规为依据

不同于《知识产权法》中所规定的内容，二者承担的责任是不同的，《指南》中，标准必要专利禁令的不合理的重点在于说明在正常运行的市场环境下，申请禁令的行为是否应该得到许可和批准。在这方面，德国"橙皮书"案给出了完美的答案。因为这起重大的标准必要专利纠纷案件被记在了橙皮书上，故此而得名。诉讼方有一项重要的标准必要专利技术，所有同行业的生产者都必须经过其允许才可以使用并投入生产，可以看出其在行业内处于关键位置。起诉者飞利浦集团在与侵权者协调时，侵权者提出以百分之三的专利售卖价作为许可费，但飞利浦集团不能接受此价格，没有通过其请求，并且以此为契机向司法机构申请禁令救济，与此同时，另外两家被起诉的企业也以飞利浦集团不合理使用权利为由提起了反垄断抗辩以维护自身权益。经过一系列审慎的裁决，司法机构认定，对于飞利浦集团所提出的申请禁令救济的行为，被告方要有限制地提起抗辩：一方面标准必要专利权利人要满足在行业内处于主导方；另一方面标准必要专利权利人不通过被告申请的原因是非正当的。在本案中，侵权方并不在限制范围内，故驳回其抗辩，批准了飞利浦集团的禁令申请。从这一案例中我们可以看到，在类似的标准必要专利侵权案件中反垄断抗辩是可以允许出现的，也就是在标准必要专利的实施方向权利人申请禁令之举向有关部门提起抗辩，表示权利人在这一过程中不允许实施方使用专利技术的行为有可能与《欧盟运行条例》（TFEU）第一百零二条中给出的解释相违背，原告在行业内处于主导地位，存在着不合理使用权力的行为，这可以成为驳回原告禁令申请的理由。虽然在这起案件中并没有提及 FRAND 原则，但是其同样有着重要作用，即使标准必要专利权利人许下 FRAND 诺言，其申请禁令的行为也可以参照此案。换句话说，标准必要专利的使用者具有提起抗辩的权力，即提出权利人不合理地使用其在行业内的权力并引起了负面影响，申请法院批准其继续使用。"橙皮书"案作为《反垄断法》实际应用的一个良好的开端，也为我国制定相关的法律政策提供了参照，可以从中吸取许多有益经验。

　　如前所述，华为与 IDC 曾陷入关于标准必要专利的纠纷之中，在这一案件中我们获得了宝贵的经验，也确定了将禁令并入法条中的决定。两家公司都是通信行业中的佼佼者，拥有多项标准必要专利技术。华为向法院提起了诉讼，认为对方在合作过程中有许多不恰当的行为，比如收取高于应有价值的费用、没有保证交易在平等的条件下进行、存在滥用禁令的行为等。司法机构在做进一步的取证调查时发现被告方确实存在原告所控诉的行为，这是在整个市场环境中做了充分的调研与分析对比之后得出的科学合理结论。随后，被告方对于其种种不当的行为没有给出令人信服的理由。最后，根据我国相关法律，司法机构做出判决，认为被告方收取高额费用以及滥用禁令的行为都证实其不是合理使用行业地位，对原告造成了重大的经济损失。毋庸置疑，标准必要专利权利人不可以以非正当的理由阻止善意专利使用人实施专利技术，更不可以采取收取高额费用、滥用禁令来胁迫专利使用者，如若不然，标准必要专利的使用者将会得不到良好的发展甚至面临破产倒闭的风险。尤其是在标准必要专利权利人表示愿意遵守 FRAND 原则的前提下，实施者将会对此抱有"合理期待"，愿意无条件地信任标准必要专利权利人会在公正、平等的环境下与自己达成合作。而正是因为这样，一旦权利人采取不当手段就会对企业造成重创，所以标准必要专利权利人所采取的一系列不当手段都属于对自身行业内重要地位的不合理使用，必须受到相关法律的约束。实际上，司法部门在这一案件中的态度很明晰，那就是必须给标准必要专利禁令的申请划定界限，以保证市场经济良好运行不受破坏。所以，域外的实际案例说明，必须设立相关法律来阻止禁令滥用带来的一系列风险。

2. 明确《反垄断法》规制标准必要专利禁令救济的方法

对此，我们可以参考欧盟委员会在这一问题上所使用的相关方法。其先对行业内进行划分，之后分析企业在行业内处于何种位置，这一点极为关键，最后对被提起诉讼的实际情况进行讨论，判断其有无不正当行使权力。上述方式就被运用在了一项现实案例中。华为和中兴都是行业内的龙头企业，拥有多项专利技术，在市场中起着决定性的作用，华为所拥有的一项标准必要专利技术在 2009 年被欧洲电信标准协会（ETSI）批准并入了"长期演进技术"（简称 LTE 专利技术）标准中，成了不可或缺的技术，与此同时，作为欧洲电信标准协会中的重要一员，其做出了遵守 FRAND 原则的承诺。2011 年，华为起诉中兴对其技术造成了侵害，并且向司法机构发起了诉讼，希望司法机构做出公正的审判，对侵权公司予以相应处罚，希望侵权方尽快停止其不当行为并且对造成的损失进行经济等方面的补偿。在之前的双方交易中，原告与被告对标准必要专利的各个方面进行了协商，原告希望对方承担实施专利所需的相关费用，但被告并不同意，而是想要成立交叉许可协议，对此两方没有形成共识。基于上述事实基础，在实际的经营活动中，被告在没有承担实施的费用的前提下擅自实施了这项标准必要专利，并且生产的产品已经流入了市场。对于此案，司法机构经过裁决认定，这样的情况之下需要考虑原告是否符合《欧盟运行条约》（TFEU）中所列举的规定。在裁决的过程中被告提起了抗辩，并列举了事实依据，德国方面暂停了案件的判决，交由欧盟方面解决处理。

欧盟方面在审理此案的过程中没有对原告方的行业地位做出划分，但其审理的过程完全符合《反垄断法》中的相关规定，即首先对行业情况进行分析，对原告所处地位进行判断，判断原告行为是否属于不当使用权力。需要重视的是，在这起案件中欧盟方面将关于权利人申请禁令的行为与被告人阐述的理由进行了仔细慎重的分析。其一，标准必要专利权利人有义务向专利的使用人做出声明，说明被侵害的具体内容和具体形式；其二，当被告方表示其愿意主动遵守 FRAND 原则来做下一步的谈判，标准必要专利权利人应当提供全面清晰的符合 FRAND 原则的相关证明文件，其中应当写清楚许可的数目和运算方法；其三，标准使用者必须遵守既定规则对对方的书面文件进行答复，如果不同意，应当尽快提出反对；其四，标准必要专利权利人拒绝标准使用者提出的反对答复，此时标准使用者若想继续运用该技术需要为应承担的相关费用提供保证；其五，在无法就 FRAND 许可条件达成统一时，可以提交给双方一致选择的仲裁机构来仲裁。由此可以看出，在这一现实案例中，欧盟方面注重在标准必要专利权利人和相应的使用者之间找到中立的位置，并且其表示，对于是否要开展相关调查需要进行科学的判断，不可以草率地做出决定。当原告的行为合法合理，仅仅为了保障自身的利益时，就可以统一标准必要专利权利人所提出的禁令申请；若是原告方的行为已经超出了合理的范围，并且很有可能破坏市场秩序，危害其他相关企业，则必须坚决禁止其不当要求，并依法处理。如果被告方属于善意使用者，则应赋予其抗辩的权力。

3. 对标准必要专利权利人在行业内所处的关键地位的划分要予以说明

对于这个问题，可以从国家发改委发布的《关于滥用知识产权的反垄断指南（征求意见稿）》来分析：①相关标准的市场价值与应用程度；②是否存在替代性标准；③行业对相关标准的依赖程度及使用替代性标准的转换成本；④不同代际相关标准的演进情况与兼容性；⑤标准必要专利许可双方的相互制衡能力等。

除此之外，在对以上问题进行界定与描述时，一定要将个别案例进行着重说明，因为市场中的情况瞬息万变，个体间的差异也很大，不能保证一项规定可以适用于所有案件，所以要对具体情况进行具体分析，重点说明个别案例的独特性，并且针对不同特点的企业对其采取特别的方式来划分。上述态度也得到了欧盟方面的肯定。其中，《关于横向合作协议适用〈欧盟运行条约〉第101 条的指南》第二百六十九条指出："即使标准的确定能够给予或者增加专利权利人的行业地位，也不能因此认定持有标准专利就等同于占有行业主导地位，行业主导地位的问题必须进行区别对待。"基于此，尽管标准必要专利能给专利权利人很高的行业地位，但行业主导地位的判定也必须进行区别对待。

4. 对恶意标准必要专利权利人与善意专利使用人的判断方法给出明确说明

标准必要专利权利人申请禁令时是否遵守了 FRAND 原则是一项重要的判定标准。由于这种问题的判断难免掺杂了个人的情感，所以在实际操作方面具有一定难度，故《指南》必须给出清晰明确的划分条件。

由上述内容可以看出，无论是对于恶意的标准必要专利权利人还是善意的专利使用人都需要进行审慎的分析判断。因为双方都有可能做出不合理的行为对市场秩序造成破坏，即在整个标准必要专利获得通过的期间，潜在被许可人想要以更低花费得到专利的授权使用。这就有可能会发生潜在的被许可人在与权利人协商的过程中故意拖延，以达到节约成本的目的，而他们所支付的费用难以弥补专利并入标准的费用；又或者使用者不同意权利人的相关要求，却仍实施专利。毋庸置疑，对标准必要专利权利人申请禁令有没有超出合理的范围之外这一问题的分析以潜在使用者是否善意为前提条件。在华为诉讼案中，当地司法机构汇总了五个重要问题成交给了欧盟方面，这几个问题实际上就是如何评判潜在使用者是否具有足够善意的内容。在我国，相关立法机构颁布了《关于审理侵犯专利权纠纷案件应用法律若干问题的解释（二）》，其中第二十四条明确指出，被告方在整个交易过程中的行为始终合理，标准必要专利使用者在此期间也可被认定为善意。不过，善意的含义应在实践中锤炼总结，再将其升华为更书面化的表达，以期广泛应用。诚然，善意的分类具有主观性，应在《指南》中进行全面详细的解释。

笔者认为，当标准必要专利权人自愿遵守 FRAND 原则时，在专利的使用者所做出的相关行为均符合法律规定和原则规定的情况下，标准必要专利权人申请禁令的行为不合理，不应得到法律支持。相反，若是标准必要专利权人表示愿意遵守 FRAND 承诺，并且在交易过程中收取的费用合法依规，但专利的实施者却没有承担相应费用，同时未停止使用专利技术，或是恶意延长协商时间以便得到更多利益，则标准必要专利权人可以向有关部门申请禁令。

参考文献

［1］张平，马晓. 标准化与知识产权战略［M］. 北京：知识产权出版社，2005.

［2］吴汉东. 知识产权法学［M］. 北京：北京大学出版社，2014.

［3］李春田. 标准化概论［M］. 北京：中国人民大学出版社，2007.

［4］冯晓青，杨利华，等. 知识产权法热点问题研究［M］. 北京：中国人民公安大学出版社，2004.

［5］陈丽苹. 专利法律制度研究［M］. 北京：知识产权出版社，2005.

［6］吴广海. 专利权行使的反垄断法规制［M］. 北京：知识产权出版社，2012.

［7］李雨峰. 著作权的宪法之维［M］. 北京：法律出版社，2012.

［8］陶凯元. 最高人民法院知识产权司法解释理解与适［M］. 北京：中国法制出版社，2016.